AF285018

Die perfekte Lesung

100 Praxistipps fürs Rezitieren

Michael Rossié

Impressum

Bibliografische Information der Deutschen Nationalbibliothek:
Die Deutsche Nationalbibliothek verzeichnet diese
Publikation in der Deutschen Nationalbibliografie;
detaillierte bibliografische Daten sind im Internet über
http://dnb.dnb.de abrufbar.

© 2021 Michael Rossié

Lektorat: Barbara Rossié
Korrektorat: Waltraud Rossié

Herstellung und Verlag: BoD – Books on Demand,
Norderstedt

ISBN: 978-3-7557-1616-7

Inhaltsverzeichnis

In der ersten Lesung, in die ich in meinem Leben gehen durfte, las Michael Ende. Der Autor von „Jim Knopf" und der „Unendlichen Geschichte" las in Mönchengladbach in einer Turnhalle und hat mir im Anschluss an die Lesung sogar eine Frage beantwortet. Ich werde es nie vergessen. Er war nicht nur ein guter Rezitator seiner Bücher, sondern auch ein eloquenter Gesprächspartner und ging auf die vielen Kinder ein, die gekommen waren. Ich bin an diesem Abend ganz glücklich und beseelt nach Hause gefahren.

Ein Autor muss nicht lesen können wie ein professioneller Schauspieler, er muss schreiben können. Aber irgendwann soll das Buch auch an den Leser gebracht werden. Und was eignet sich mehr als eine Lesung? Seinem Autor nahe zu sein, ist ein großes Erlebnis, und das hängt zunächst überhaupt nicht davon ab, wie gut der Autor das Lesen hinbekommt und wie unterhaltsam oder informativ die Lesung ist.

Aber die anderen Autoren rüsten auf. Frank Schätzing macht aus seiner Lesung ein Multimedia-Event, der einen nachhaltig beeindruckt. Bei einer Veranstaltung mit Rita Falk liest Christian Tramitz, und der weiß als Schauspieler, wie man gut vorliest und sein Publikum einfängt. Da werden schnell ganz große Säle voll.

Es schadet also nicht, sich damit zu beschäftigen, wie man es schafft, eine Buchhandlung, eine Stadtbücherei oder eine Stadthalle voller Zuschauer über mindestens 60 Minuten zu unterhalten.

Seit 30 Jahren stehe ich auf der Bühne. Ich halte Vorträge, moderiere und lese aus meinen Büchern. In dieser Zeit habe ich viele Tipps zusammengetragen, was in der Vorbereitung und bei der Durchführung einer solchen Veranstaltung wichtig ist. Denn es kann eine ganze Menge schiefgehen.

Aber vor allem über das Vorlesen selbst sollte man einiges wissen. Das ist nämlich nicht so einfach, wie es aussieht. Was wir in der Schule über das Vorlesen gelernt haben (Langsam, laut und deutlich!) reicht bei weitem nicht, um eine größere Menge Menschen zu unterhalten und sie in eine andere Welt zu katapultieren. Schließlich ist ja das große Ziel, dass Ihre Gedanken und Ihre Figuren lebendig werden und die Zuschauer sollten sich nicht über Ihr Räuspern, Ihre Versprecher und falsche Betonungen ärgern, während sie gerade einer Liebesgeschichte im Dschungel zuhören oder atemlos eine Verfolgungsjagd erleben.

Ich habe Ihnen in diesem Buch alles zusammengetragen, was Sie beim Erreichen dieses Zieles unterstützen kann.

Die 100 Tipps für die perfekte Lesung sind in der „Federwelt" über viele Jahre einmal im Monat als Kolumne erschienen. Hier gibt es jetzt alle Folgen komplett zum Mitnehmen.

Ich wünsche Ihnen, dass sich auch Ihre Zuhörer noch viele, viele Jahre später an die Lesung mit Ihnen erinnern können, nachdem Sie alle Ihre Bücher gekauft und natürlich auch gelesen haben.

Gräfelfing, August 2021
Michael Rossié

Michael Rossié ist ausgebildeter Schauspieler und arbeitet heute hauptberuflich als Speaker. Er steht seit fast 40 Jahren auf der Bühne, hält Vorträge und liest aus seinen Büchern. Neben Drehbüchern für Fernsehserien hat er viele Kurzkrimis und Geschichten geschrieben. Er weiß, was man alles beachten sollte, wenn man ein Publikum gut unterhalten will.

www.michael-rossie.com

1. Profis, die viel auf Bühnen unterwegs sind, überlassen nichts dem Zufall. Da wird vorher ein technical rider oder eine Bühnenanweisung verschickt, damit der Veranstalter weiß, was er vor Ort wie vorbereiten soll. Das mag übertrieben klingen, kann das Leben eines lesenden Autors aber enorm erleichtern. So etwas kann man auch leicht auf der eigenen Internetseite unterbringen, wo sich der Veranstalter die aktuelle Version herunterladen kann. Ein Text für eine Ankündigung könnte ebenfalls zum Download bereitstehen.

Tisch ist nämlich nicht gleich Tisch, besonders wenn man größer oder kleiner als der Durchschnitt ist. Zwischen einem Ohrensessel mit Armlehnen, die so hoch sind, dass man nicht weiß, wo man

Die Bühnen-anweisung

die Hände hintun soll, und einem Barhocker liegen Welten.

Brauchen Sie vorher einen Raum, in den Sie sich zurückziehen können? Wie lange vorher wollen Sie die Bühne sehen? Manchmal kann es sehr sinnvoll sein, mit dem Fotografen Fotos auf der Bühne zu machen, bevor die Zuschauer da sind. Pressefotografen wollen oft schnell wieder weg. Wenn man sich vorher verabredet, um als erstes die Bilder zu machen, sind beide Seiten zufrieden.

Gibt es einen Tisch zum Signieren? Bringen Sie Bücher mit oder wird die örtliche Buchhandlung eingeschaltet? Wollen Sie einen Mittelgang? Soll die erste Reihe dicht vor Ihnen sitzen oder lieber weiter weg? Haben Sie Musik mitgebracht? Welches Licht wollen Sie? Alles Dinge, die man ganz leicht vorher klären kann.

Es gibt Kollegen, die bestehen darauf, dass 10% weniger bestuhlt wird, als Teilnehmer angemeldet sind. Lieber werden ein paar Stühle reingestellt, als dass anschließend überall Plätze leer bleiben.

Ich persönlich finde es auch sehr schön, wenn der Veranstalter weiß, wie er mir etwas Gutes tun kann. Meine Sammlung einzelner Rotweinflaschen sprengt inzwischen jeden Vorratskeller. Außerdem bin ich Vegetarier, und Salamibrote in der Umkleidekabine sind mir unangenehm. Besonders Genaue lassen sich so eine Bühnenanweisung vorher unterschrieben zurückschicken. Die Wahrscheinlichkeit, eine Überraschung zu erleben, wird dadurch minimiert.

2. Manchmal wundert man sich, wo Lesungen und Vorträge stattfinden. Da stehen Säulen vor der Bühne, die Faschingsdekoration hängt noch, oder Menschen sitzen so dicht gedrängt, dass sie sich unfreiwillig sehr nahekommen.

Aber die Menschen, die das vorbereitet haben und die die bekannte Autorin in ihrem Seniorenheim oder ihrer Buchhandlung erwarten, die kennen das so. Für die ist das nichts Ungewöhnliches. Also seien Sie gnädig, bevor Sie

Der Raum

sich aufregen, dass Sie so nicht arbeiten können.

Ich habe schon in einem Restaurant einen Vortrag für 150 Menschen gehalten, und es gab keine einzige Stelle, an der ich von allen zu sehen gewesen wäre. Ich habe Vorträge gehalten auf Treppen, und ich habe vor 60 Erwachsenen auf Kinderstühlchen gelesen.

Ärgern Sie sich nicht. Nehmen Sie den Raum an, egal wie es da aussieht, und betrachten Sie es als Geschenk, dass Sie eingeladen wurden.

Vielleicht lässt sich etwas ändern. Ich habe schon einen langen schmalen Raum quer bestuhlen lassen. Die Widerstände („Haben wir noch nie so gemacht!") halten Sie aus, auch wenn der Hausmeister nicht ihr Fan wird.

In Hotels bin ich deutlich weniger kompromissbereit. Da betrachte ich es als Service, dass alles so ist, wie ich es mir vorstelle. Besonders was die Temperatur angeht, muss man da manchmal ziemlich energisch sein. Sie finden kein Buch über Komik, das nicht davor warnt, den Raum zu warm zu machen. Wenn es zu warm ist, tun Sie sich schwerer, beson-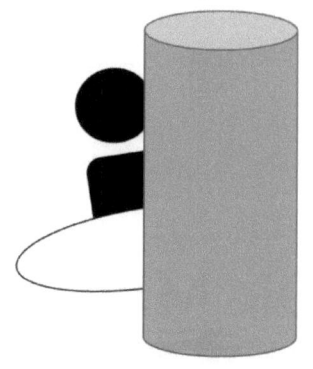ders wenn die Zuschauer lachen sollen. Das sagen Ihnen die Profis. Aber natürlich darf es auch nicht zu kalt sein, und vor allem darf es nicht ziehen.

Bei der Frage ob mit oder ohne Mikrofon, ist mir das Hotelpersonal oder der Veranstalter eine große Hilfe. Sie sollten also nicht sofort mit Ja oder Nein antworten, sondern einfach fragen, wie das Ihre Vorgänger gemacht haben. Sie sind nicht die oder der Erste, die in diesem Raum liest. Es gibt sicher Erfahrungswerte.

Vor allem sehen Sie sich den Raum rechtzeitig an. Zwei riesige Blumengestecke des örtlichen Blumenhändlers können Sie nur dann etwas zur Seite räumen, wenn Sie vor den Zuschauern im Raum sind.

3. Die Aufteilung der Bühne hat im Theater eine große Bedeutung. Da das Wichtigste am Ende kommt, wird auch von hinten inszeniert. Alles läuft auf die große letzte Szene zu – und die wird in der Mitte stattfinden.

Also gehört auch der Autor bei der Lesung in die Mitte und nicht die Dame vom Verlag, die ihn begrüßt oder der Büchertisch, sondern der Autor selbst.

Es gibt noch ein Problem: Wenn Sie in der Mitte sitzen und eine wuchtige Stehlampe schräg hinter Ihnen steht, sitzen Sie immer noch in der Mitte, aber es ergibt sich ein „schiefes" Bild: Die Lampe schiebt Sie sozusagen aus der Mitte raus. In

Die Mitte der Bühne

guten Filmen sind die Einstellungen austariert. Wenn der Mann rechts im Vordergrund etwas größer ist als die Frau links im Hintergrund, stellt der Regisseur etwas links zu ihr oder hinter sie (beispielsweise ein großes Möbelstück oder auch eine andere Person), um optisch das Gleichgewicht wieder herzustellen.

Ist das so von Bedeutung, dass Sie immer in der Mitte stehen oder sitzen? Ja, unterbewusst nehmen die Zuschauer wahr, wie wichtig Sie sich nehmen. Wenn sich der Autor an den Rand der Bühne quetscht, weil da gerade frei ist oder durch irgendetwas halb verdeckt ist, sinkt die Bereitschaft, seine teuren Bücher zu

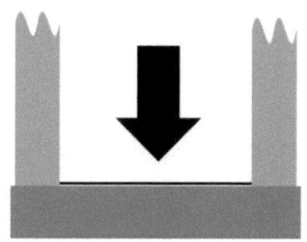 Weihnachten an die gesamte Verwandtschaft zu verschenken. Überlegen Sie sich also genau, wie Sie sich „Ihre" Bühne einteilen, auf der sich möglicherweise rechts noch Reste der Weihnachtsdekoration und links ein Banner der örtlichen Sparkasse befindet. Bitten Sie jemand anderen, Ihre Position einzunehmen. und sehen Sie sich die Wirkung an – und dann schaffen Sie Platz für den einzigen Menschen, der heute Abend alle Aufmerksamkeit verdient hat, nämlich für Sie!

Es ist für mich immer wieder erstaunlich zu sehen, wie Autorinnen und Autoren sich irgendwo einen freien Platz auf der Bühne suchen, so als wollten sie sagen, dass sich der Umbau der Bühne für die eine Stunde ihrer Lesung nicht lohne.

Was die Zuschauenden mit nach Hause nimmt, sollte ein eindrückliches Bild sein, und zwar nicht nur akustisch, sondern auch optisch. Ihre Leser sollen Ihnen ja treu bleiben.

4.

Sehr oft haben Lesende auf die Bestuhlung des Raumes keinen Einfluss. Und doch kann vom richtigen Aufbau eine Menge abhängen. Es lohnt sich also manchmal, ein bisschen umzubauen. Dass die Akustik oder die Mikrofonanlage gut sein sollte, versteht sich von selbst. Aber noch ein weiterer wichtiger Punkt ist, ob der Rezitierende wirklich von allen gesehen werden kann. Komischerweise verstehe ich einen Sprecher in diesem Fall besser, als wenn das nicht der Fall ist.

Samy Molcho empfiehlt außerdem vorher einen kleinen Test. Breiten Sie auf Ihrem Platz die Arme genau so weit aus, wie Sie das tun würden, um jemanden zu umarmen. In diesem Bereich sollten die Zuschauenden sitzen. Sitzen Sie direkt vor Ihnen auf großer Breite, dann

Die Bestuhlung

sehen Sie bei dem Umarmungsversuch aus, als seien Sie ans Kreuz genagelt worden. Das wirkt mehr wie eine Opferhaltung.

Sie müssen die Zuschauer nicht dauernd angucken, denn Sie lesen ja. Aber vorher, nachher, zwischendurch – schauen Sie immer wieder in die Runde. Jemand, der angeguckt wird (auch wenn er nur das Gefühl hat und Sie ihn nicht wirklich sehen, weil er in der vierten Reihe sitzt

und Sie von Scheinwerfern geblendet werden),
dem gefällt Ihre Lesung besser. Das heißt für
Sie aber, dass Sie auch nach oben in den Rang
schauen müssen oder nach rechts außen oder

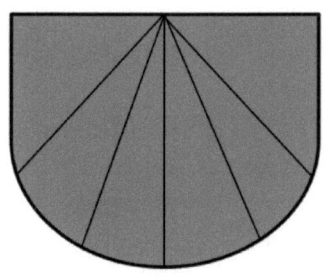

nach links hin-
ten. Sammeln
Sie das ganze
Auditorium in
Kuchenstücken
ein, und schau-
en Sie nicht nur
auf die nette
Blondine (den
netten Surfer
Boy) in der zweiten Reihe, wie das in manchen
Rhetorikkursen empfohlen wird. Der einzige
Mensch, der dauernd so angeschaut werden
will, ist in der Regel die eigene Mutter oder ein
anderer enger Verwandter. Allen anderen Menschen sind ständige Blicke vom Menschen auf
der Bühne in die eigene Richtung peinlich.
Und wenn es bei Ihnen brechend voll ist, die
Zuschauer hinter Ihnen sitzen oder direkt zu
Ihren Füßen, um die Ecke, die gesamte Treppe
rauf auf den Stufen und sie noch per Lautspre-
cheranlage auf den Vorplatz für die übertragen
werden, die keinen Platz mehr fanden? Dann
freuen Sie sich und vergessen alles, was ich gesagt habe. Jetzt kommt es nur noch darauf an,
das Publikum zu begeistern.

5. Wie viele Leute nun wirklich zu Ihrer Lesung kommen, wissen Sie vorher nicht. Und es kann ein gutes Gefühl sein, sich klarzumachen, dass man dafür nicht verantwortlich ist. Vielen Autoren ist es wahnsinnig peinlich, wenn da nur 3 Leute kommen oder das Kino doch nicht voll geworden ist.

Das sind zwei verschiedene Berufe: Der Mensch mit dem einen Beruf sorgt dafür, dass genügend andere da sind, die zuschauen. Ein anderer Mensch

Die Zuschauerzahl

sorgt dann dafür, dass die, die da waren, gut gelaunt nach Hause gehen. Ich übe nur den zweiten Beruf aus. Ich verstehe nichts von Marketing, weiß nicht, wann im Nachbarort Schützenfest ist und wie man die Kleinstdorfer aus ihren Häusern holt. Ich bin derjenige, der Zuschauer, die kommen, bestens unterhält. Das kann ich gut, manchmal sogar sehr gut. Für die Zuschaueranzahl aber übernehme ich keine Verantwortung.

Sollten Sie als Autor das Marketing selber machen müssen, dann müssen Sie lernen, wie das geht. Jetzt aber schlüpfen Sie in Ihre andere Rolle, die des Autors. Und jetzt wird gelesen.

Egal wie viele gekommen sind. Den Abend mit zwei Fans an der Bar zu verbringen, dauert länger und kommt Sie teurer.

Es ist wichtig vorher zu wissen, wie viele ungefähr kommen. Dann können Sie entsprechend bestuhlen. Einen Saal zu unterhalten, in dem nur jeder zweite Platz belegt ist, ist eine Herkulesaufgabe. Trotzdem mögen es Zuschauer nicht, umgesetzt zu werden. Wenn Sie also mit wenigen Menschen rechnen, sperren Sie die letzten Reihen, setzen Sie Ordner ein oder legen Sie auf die hinteren Sitze Zettel mit der Aufschrift Bitte nur benutzen, falls alle Plätze belegt Das ist besonders wichtig, wenn bei der Veranstaltung Videoaufnahmen gemacht werden. Wenn die Zuschauer richtig sitzen, kann es im Film sehr voll aussehen, obwohl die Anzahl der Zuschauer überschaubar ist.

Der Regisseur und Comedy-Fachmann Knacki Deuser hat in einem Vortrag erklärt, dass nichts über die gute alte Bierbank geht. Die Zuschauer klatschen mehr, sind beweglicher und haben den absoluten Willen mitgebracht, einen schönen Abend zu erleben. Genau das ist auch bei einer Lesung das Ziel.

6. Die richtige Beleuchtung bei einer Lesung ist gar nicht so einfach hinzubekommen, zumal die Autorin vielleicht durch die vielen Stunden am Computer keine Adleraugen mehr hat. Und die große Stehlampe, deren Lichtkegel man genau über seinem Manuskript platzieren kann, steht eben nicht überall herum. Ist es eine richtige Bühne, so sollte ein größerer Bereich aus-

Die Beleuchtung

geleuchtet werden. Dabei ist der rechte Scheinwerfer für den linken, der linke Scheinwerfer für den rechten Bühnenraum zuständig. Wenn man die Wirkung noch verbessern will, kommt das Licht nicht nur von oben, damit die Augen nicht dunkel in den Höhlen liegen.

Zusätzlich brauchen Sie meist trotzdem noch eine kleine Leselampe, da das Licht von vorne für jede Menge Schatten sorgt, wenn Sie das Buch ungünstig halten oder ein Mikrofon im Weg ist. Gehen Sie da keine Kompromisse ein, denn sie können das nur vorher korrigieren.

Die Leselampe steht am besten links von Ihnen. Da ist die Gefahr von Schatten durchs Blättern am geringsten.

Vorbereitung

Wollen Sie die Leselampe gerne so einstellen, dass lediglich der Text, aus dem Sie lesen, unter dem Lichtkegel liegt, müssen Sie lauter sprechen. Denn wer im Dunkeln spricht, ist deutlich schwerer zu verstehen.

Mit farbiger Beleuchtung sollten nur die Profis arbeiten. Die Bühne mag dann gut aussehen, aber Ihr Gesicht schimmert blau oder rot.

 Kleine Schreibtischlampen sind keine ideale Beleuchtung. Auf einer Lesereise kann es sehr sinnvoll sein, seine eigene Lampe dabeizuhaben. Natürlich mit Ersatzbirne.

Für Lesungen an Lagerfeuern oder Gruselnächte in Stadtbüchereien arbeite ich gerne mit einer Stirnlampe, die Sie in jedem Sportgeschäft bekommen (auch ein sehr gutes Mittel gegen 25 Watt-Birnen in Hotelzimmern). Das Licht lässt sich punktgenau einstellen, und Sie haben beide Hände frei. Allerdings sehen Sie mit dem Ding nicht unbedingt gut aus.

In Baumärkten gibt es auch kleine Klemmlampen mit einem schwenkbaren Arm, die man an einem Schreibbrett befestigt, auf dem der Text liegt. Auch dadurch erhalten Sie ein sehr punktgenaues Licht, wenn es im übrigen Raum möglichst dunkel sein soll.

7.

Ja, ja, ich weiß. Meistens gibt es bei Lesungen keinen Techniker. Da steht ein voreingestelltes Mischpult, auf dem der Lautstärkeregler mit Klebeband fixiert worden ist. Darauf liegt ein Hand- oder Ansteckmikro, das man nur noch einschalten muss. Und das war's.

Auch wenn die Lautstärke später niemand reguliert, macht der Profi eine kurze Tonprobe und hört

Der Techniker

sich das alles persönlich an. Wobei ein Raum ohne Zuschauer anders klingt. Wenn es also zu sehr hallt, kann sich das noch ändern. Wenn es irgend geht, sollte also doch jemand neben dem Mischpult sitzen und die Laustärke eventuell nachregulieren, und wenn es der Hausmeister ist (etwa, weil nur wenige Zuschauer gekommen sind).

Aber wenn es ihn denn gibt, diesen Techniker, dann sollten Sie ihn auch nutzen, im Sinne von ausnutzen, indem Sie ihn fordern und ihn bitten, aus seiner Technik das Beste für Sie herauszuholen. Die Regler, die er vor sich auf dem Pult hat, die lassen sich nämlich alle bewegen und auf Ihre Stimme einstellen. Jeder Radiosprecher hat eine speziell für ihn angelegte Einstellung des Mikrofons. Auch die Synchronsprecher und -sprecherinnen berühmter Hollywoodgrößen werden sie nicht immer erkennen, weil auch deren Stimmen oft nachträglich noch verändert werden, um der Figur möglichst nah zu kommen.

Seien Sie also nett zum Techniker, begrüßen Sie ihn freundlich, geben Sie ihm Zeit für eine Probe und bitten Sie ihn um seinen Rat. Die meisten Techniker blühen auf und freuen sich, nach langer Zeit mal wieder ihr Wissen einsetzen zu können.

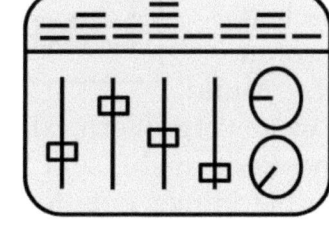

Besonders, wenn Sie die Aufnahmen der Lesung für ein Hörbuch einsetzen wollen, sollten Sie versuchen, mit allen technischen Raffinessen zu arbeiten.

Manchmal ist es auch angebracht, sich nach der Lesung bei „seinem" Techniker zu bedanken. Ich verspreche Ihnen, dass der sich darüber freut.

Jemand, der viel unterwegs ist, weiß wie wichtig eine gute Akustik ist und wieviel davon abhängt, dass Mikrofone und Tonanlage richtig eingestellt sind.

Wenn es rauscht, pfeift und hallt, müssen Sie schon sehr gut lesen, um das wieder auszugleichen.

8. Heute wird bei Lesungen in kleinen Räumen schon mit einem Verstärker gearbeitet. Das Mikrofon steht mit einem Ständer auf dem Tisch vor dem Buch, und die Stimme wird im gesamten Raum verstärkt.

Wenn der Autor weitsichtig, der Mikrofonständer klein und das Buch groß ist, kann sich der Abstand zwischen Mikrofon und Mund

Das Mikrofon

so weit vergrößern, dass von Verstärkung keine Rede mehr sein kann. Deswegen machen Sie immer eine technische Probe, in der Sie nicht nur ausprobieren, ob das Mikrofon funktioniert, sondern auch wie Sie sitzen und sprechen werden.

Bei großen Räumen ist es wichtig, dass Sie einen Monitorlautsprecher haben, der in Ihre Richtung beschallt. Hören Sie sich selbst nämlich nicht, werden Sie im Laufe der Lesung lauter.

Die meisten Laien im Umgang mit einem Mikrofon gehen viel zu nah ran. Ein Abstand von 10 bis 20 cm ist absolut in Ordnung, man liest leichter, wenn man den Mund nicht an den Schaumstoff des Mikrofons klebt, und der Mund ist zu sehen. Wenn Sie Ihr Buch in einem Studio aufnehmen, gelten andere Regeln.

Vorbereitung

In ein Mikrofon sprechen Sie am besten eher leise. Sie haben die Verstärkung, damit Sie ganz normal sprechen können, auch vor 1000 Menschen. Am besten steht das Mikrofon in der Verlängerung der Nase. So kommt die optimale Verstärkung zustande.

Sehr angenehm ist ein Ansteckmikro, aber vor allem Frauen sollten vorher wissen, ob man ihnen eines anklemmen wird. Ein Mikrofon, das vorne an einen Rollkragenpullover aus Stretchmaterial gesteckt wurde, sieht furchtbar aus. Meistens will der Techniker das Kabel unter dem Pulli verlegen, und der Sender muss in eine Jackentasche oder an einen Gürtel. Planen Sie Ihre Garderobe danach.

Zu Beginn einer Lesung wird nicht übers Mikrofon diskutiert (Test, Test! Versteht man mich?). Auch kein Klopfen aufs Mikrofon: der Techniker sieht, dass Sie etwas sagen wollen, und schaltet den Ton ein.

Für Profis, die häufiger mit Verstärkung arbeiten, lassen sich noch ein paar hübsche Effekte

 erzielen. Sie können einen Satz ganz nah am Mikrofon flüstern oder interessante Geräusche dort erzeugen. Aber berühren Sie das Mikrofon nie, sonst bekommen Sie Streit mit dem Techniker, und Ihre Zuhörer Ohrensausen.

9.

Die meisten von uns sind nicht so bekannt, dass sie im Fernsehen lesen, aber es gibt heute immer mehr Formate und kleinere Sender, die Autoreninnen und Autoren einladen. Und beim Auftritt vor der Kamera gibt es ein paar Kleinigkeiten zu beachten.

Die Kameras werden immer besser, aber schwierig ist immer noch hartes Weiß und leuchtendes Rot. Diese Farben sollte man bei der Kleidung besser vermeiden. Keine klei-  nen Muster, sonst gibt es ein unangenehmes Flimmern. Ich habe bei einem Fernsehtermin also noch ein zweites Hemd oder Jackett im Auto. Seidenstoffe oder synthetische Stoffe können ungeeignet sein, wenn dadurch unangenehme Nebengeräusche entstehen.

Besonders aufpassen sollte man in virtuellen Studios, wo also die Dekoration nicht real existiert, sondern projiziert wird. Trägt man in einer Blue Box ein blaues Hemd, dann wirkt das Hemd durchsichtig. Dasselbe gilt für Grüntöne in einer Green Box. Es ist überhaupt nicht unprofessionell, solche Dinge vorher mit dem Veranstalter genau zu klären.

Sollte keine Maskenbildnerin da sein, empfehle ich auch Männern, sich kurz trocken abzupudern. Wenn man glänzt wie mit der Speckschwarte abgerieben, ärgert man sich anschließend. Mit dem Taschentuch wird dann nur noch vorsichtig getupft und nicht mehr im Gesicht herumgewischt. Frauen werden von der Maskenbildnerin meist etwas stärker geschminkt als normal, das ist für die Kamera in Ordnung. Aber auch hier gilt, dass man sich gefallen muss. Nicht alle Maskenbildnerinnen verstehen ihr Handwerk.

Brillen sehen Kameraleute ungern, aber setzen Sie sich durch, wenn Sie Ihre Brille brauchen. Schmuck hingegen, der Geräusche macht, sollte man bereit sein abzulegen.

Bietet man Ihnen die Benutzung eines Teleprompters an, von dem Sie Passagen ablesen können, rate ich Ihnen davon ab.

So etwas gelingt nur, wenn Sie das vorher geübt haben und ein bisschen Erfahrung damit haben. Das Lesen von einem scrollenden Bildschirm ist nicht schwer, aber die Angst, dass der Text verschwinden könnte, lässt die meisten schneller und schneller werden, von der Angst vor einem plötzlich auftretenden Hustenanfall mal ganz zu schweigen.

10.

Möglicherweise wundern Sie sich, warum ich dem Stuhl, auf dem Sie bei Ihrer Lesung sitzen, ein Kapitel widme. Die Antwort ist einfach: Sie sollten nicht den erstbesten Stuhl benutzen, der Ihnen angeboten wird.

Dass er nicht wackeln sollte, versteht sich von selbst. Aber das können Sie nur feststellen, wenn Sie einmal Platz genommen haben, bevor sich der Saal gefüllt hat.

Der Stuhl

Auch scharfe Teile, wackelnde Lehnen und Stühle, die Geräusche von sich geben, können störend sein. Kontrollieren Sie das vorher. Im Angesicht von 100 Augenpaaren werden Sie den Stuhl nicht mehr wechseln wollen – was zur Folge hat, dass der Kampf mit dem Stuhl zum zentralen Problem wird.

Auch einen Drehstuhl sollten Sie ablehnen. Wenn Sie nervös sind, fließt ihre Energie über den sich ständig drehenden Beckenbereich ab, und Sie treiben Ihr Publikum damit an den Rand des Wahnsinns. Warten Sie mal neben einem Kind auf einem Drehstuhl auf die weihnachtliche Bescherung. Danach wissen Sie, was ich meine.

Der Stuhl sollte so hoch sein, dass die Ellbogen einen Winkel von leicht über 90 Grad beschreiben, wenn der Unterarm auf der

Tischplatte auf-
liegt. Dann sitzen
Sie hoch genug.
Ist der Stuhl da-
gegen zu hoch,
dann wird ihr
Kopf im Laufe
der Lesung Rich-
tung Tischplatte

wandern und aus der lesenden Königin wird
eine stark gekrümmte Zwergin.

Auch auf Armlehnen und starke Polsterung
würde ich lieber verzichten. Wenn da nicht
gerade ein Ohrensessel mit Stehlampe steht
und Sie Geschichten am Kamin lesen, ist ein
Stuhl ohne Seitenlehne mit härterer Sitzfläche
besser, weil Sie eine größere Bewegungsfrei-
heit haben. Wenn Sie sehr lebendig lesen, sollten Sie ohnehin nach einer Möglichkeit suchen, bei der Lesung zu stehen. Das ist für
viele Menschen einfacher.

Eine Synchronsprecherin würde nie im Sitzen
arbeiten. Wenn Sie lesen, dass ihr Held „zu-
schlug" oder „sich duckte" sollten Sie diese
Bewegungen nicht eins zu eins nachspielen,
aber wenn die Hände frei sind und ihr Körper
nicht in einem Stuhl versinkt, werden ihr
Hände und Füße ganz von selbst genau das
unterstützen, was Sie lesen. Das macht ihr
Lesen glaubwürdiger und die Szene echter.

11.

Was Sie bei einer Lesung anziehen, entscheiden natürlich Sie. Wenn Sie sich nicht wohlfühlen, dann sieht man das. Verkleiden Sie sich nicht! Ihre Kleidung muss auch nicht zum Thema Ihres Buches oder zur Jahreszeit Ihres Krimis passen. Aber die Kleidung muss sitzen. Ich weiß aus leidvoller Erfahrung, dass sich oft der erste Kommentar zu meiner Leistung auf meine Kleidung bezieht. Ärgerlich!

Mir ist wichtig, wie der Hintergrund aussieht.

Die Kleidung

Ein silberner Anzug vor einer grauen Wand, ein schwarzer Rollkragenpullover vor schwarzem Bühnenmollton ergibt ein schlechtes Bild. Sie verschwinden in der Kulisse.

Umgekehrt ist auch nicht gut. Weißes Kostüm vor schwarzem Hintergrund. Ein leichtes Kratzen am Oberschenkel wird dann zu einer riesigen Aktion.

Wer ein Ansteckmikrofon trägt, zieht am besten Unterwäsche an, damit das von anderen verschwitzte Kabel nicht auf der nackten Haut liegt.

Auf der beleuchteten Bühne ist es oft eher zu warm als zu kalt. Es empfiehlt sich also, vorher über das Thema Schwitzflecken nachzudenken. Ein dünner Seidenstoff unter den

Vorbereitung

Achseln braucht ewig zum Trocknen. Für Frauen spielt die Rocklänge noch eine Rolle, besonders, wenn die Zuschauer tiefer sitzen als die Bühne. Da gibt es dann ungewollte Einsichten. Was im Stehen schick aussieht, kann im Sitzen unpraktisch sein. Gerade wenn das Tischchen, hinter dem Sie lesen, keine Tischdecke hat, und man einen direkten Blick auf Ihren Unterkörper hat.

Männer sollten darauf achten, dass auch die Schuhsohle gepflegt werden muss. Glänzende schwarze Schuhe, aber Ledersohlen so weiß wie ein Schneefeld: Das sieht nicht gut aus, besonders wieder aus der Untersicht des Zuschauers.

Vor der Lesung meide ich Nahrungsmittel, die Flecken verursachen. Die Flecken entstehen nämlich besonders dann, wenn ich mir jetzt vornehme, dieses Mal besonders gut aufzupassen.

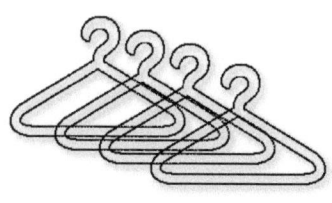

Und wenn ich länger unterwegs bin und übernachten muss, nehme ich keine weiße Nachtwäsche mit. Etwas Weißes lasse ich nämlich gerne auf der weißen Bettwäsche des Hotelbettes liegen. Ich werfe noch einen Blick drauf, finde alles in Ordnung und gehe.

12. Ein Autor bietet am besten auf seiner Internetseite Fotos zum Download an, an denen er die Rechte besitzt. Dass das so ist, dokumentiert er mit einem Satz. So kann sich jeder Veranstalter holen, was er braucht.

Bei den Portraits bitte lachende und ernste Varia- tionen an- bieten, 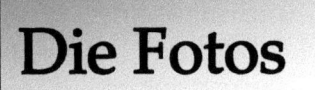 vor allem Frauen sollten den Kopf auf Fotos nicht auf die Seite legen (eine Geste der Unterwerfung), und auch der Kopf hält von allein. Keine Hände oder Finger unter dem Kopf oder den Kopf auf den Tisch gelegt, weil er sonst runterfällt.

Außerdem biete ich zusätzlich Fotos an, auf denen über oder unter mir genügend Platz wäre, um einen Ankündigungstext für die Veranstaltung unterzubringen. Manchmal ist mein Foto auf dem gesamten Plakat.

Oder ich sitze vor einem weißen Hintergrund, oder ich sitze rittlings auf einem Stuhl mit weißer Rückenlehne.

Denken Sie besonders bei Fotos für Webseiten daran, dass die deutlich langgestreckter sein müssen. Wenn Sie schon während des Fotografierens dran denken, können Sie sich viel Zeit in der Nachbearbeitung ersparen. Wenn der Hintergrund hell ist, können Sie später noch Text unterbringen.

Vorbereitung

Da kann man bei den Kollegen mal umschauen, was einem so gefallen könnte. Es hängt auch davon ab, ob Sie Fantasieromane oder Kinderbücher schreiben. Krimiautoren lehnen zum Beispiel besonders gerne an irgendwelchen Mauern.

Kommt eine Fotografin, um während der Lesung Fotos von Ihnen zu machen, besprechen Sie mit ihr, wie Sie vorgehen. Mir macht es nichts aus, wenn ein fremder Mensch wäh-

rend der Lesung vor mir auf der Bühne herumturnt, Ihnen vielleicht schon.

Denken Sie auch darüber nach, ob Sie ein paar Bühnenfotos für sich brauchen können. Im Lichtkegel auf der Bühne kann man tolle Fotos machen, bevor die Zuschauer drin sind. Die Fotografin kann untersichtige Fotos machen, sehr nah rangehen oder den Hintergrund sehr genau auswählen. Besprechen Sie also mit der Fotografin, ob Sie die Zeit vor der Lesung nicht nutzen, um auf der hell erleuchteten Bühne Fotos in Aktion zu machen. Wenn Sie die später dann mit Bildern vom Publikum kombinieren, sieht das sehr authentisch und echt aus.

13.

Musik und Lesen ergänzen sich ideal. Eine kurze Textpassage, ein Musikstück, dann wieder ein Text. So wird das oft gemacht, und dabei kann eigentlich nichts schiefgehen. Dass es für das Publikum angenehm ist, wenn es nicht nur aufmerksam zuhören muss, sondern sich zwischendurch immer bei Musik entspannen kann, ist klar.

Aber wenn sich Text und Musik ergänzen, sollte sich die Stimmung nicht doppeln. Es ist verführerisch, einen elegischen Abendspaziergang mit einem langsamen Geigensolo zu kombinieren. Doch sehr schnell wird so etwas langweilig. Wenn ich dem Publikum die Stimmung per Musik erklären muss, ist der Text schlecht geschrieben. Die dramaturgischen Regeln besagen, dass die Spannung vom Kontrast herrührt. Also kombiniere ich den Abendspaziergang mit einem schnellen Musikstück – der langsame Spaziergang hat positive Energien freigesetzt.

Benutzen Sie am besten die Musik in erster Linie, um eine Stim-

Die Musik

mung zu transportieren. Ich rate davon ab, die Texte der Lieder in Beziehung zum Vorgelesenen zu setzen. Eine Frau, die sich in Ihrer Erzählung durchs Leben gebissen hat, mit

"Non, je ne regrette rien" anzukündigen oder den Besuch eines alten Freundes mit "Knock, knock, who's there " wirkt albern.

Wenn sich die Musiker oder Musikerinnen darauf einlassen, kann man bei bestimmten Texten tolle Effekte erzielen, indem der Text mit Geräuschen begleitet wird: Gitarrenakkord - Tür fällt zu oder Tonleiter – Ball kullert Treppe runter. Wichtig ist nur, dass das Geräusch oder die Tonfolge VOR der Passage kommt, die der Autor oder die Autorin liest.

Also (Paukenschlag) Die Fensterscheibe war kaputt oder (Harfenklang) Die Fee schwebte davon! – und nicht umgekehrt.

Wenn ich erst lese, dass ein Glöckchen erklang, und dann ein Glöckchen geläutet wird, dann glaubt der Zuhörer, ich halte  ihn für so blöd, dass er nicht weiß, wie ein Glöckchen klingt. Bei der falschen Reihenfolge wird er sich komischerweise über Ihre Idee, die Geräusche zu illustrieren, ärgern.

Wenn aber ein Ton angeschlagen wird, der sich jetzt in einer Textpassage erklärt, kann das sehr wirkungsvoll sein.

14.

Atmung

Die Bedeutung der Atmung beim Vorlesen wird in meinen Augen deutlich überschätzt. Denkt doch der Laie, dass er seinen Atem trainieren muss, wenn er auf der Bühne kurzatmig wird und während des Lesens nervös nach Luft schnappt. Das Problem ist aber nicht das mangelnde Atemtraining, sondern die Nervosität, die Sie viel mehr einatmen als ausatmen lässt. Das bekommen Sie mit Atemtraining auch nicht in den Griff.

Wenn Sie nicht in der Lage sind, längere Satzpassagen durchzusprechen, liegt es oft daran, dass Sie vor dem langen Satz nicht genügend einatmen. Der Profi macht sich also vor dem Satzmonster ein kleines Zeichen, dass er hier tief einatmen sollte. Oder Sie haben den Satz vielleicht falsch eingeteilt. Versuchen Sie mal die ersten Sätze Ihres Buches vorzulesen, bis Ihnen der Atem ausgeht. Sie werden sich wundern, wie weit Sie da kommen.

Trotzdem ein paar Tipps: Am sinnvollsten ist die sogenannte Zwerchfellatmung. Die erkennen Sie daran, dass sich beim Atmen nicht etwa die Schultern heben, sondern der Bauch. Legen Sie mal eine Hand auf den Bauch und schauen Sie, was die Hand macht. Bauch raus – einatmen, Bauch rein – ausatmen.

Wenn Ihr Bauch also nur unter großen Mühen rein und raus kann, weil das neue Kleid zu eng oder der Sessel zu tief ist, erschweren Sie das Vorlesen. Viele Sportler, die ihren Bauch anspannen müssen, atmen sogar in den Brustkorb. Wenn Sie in Schulter oder Brust atmen, dann trainieren Sie besser die Zwerchfellatmung. Synchronsprecher und viele Rezitatorinnen stehen, weil sie dann besser atmen können. Ganz davon abgesehen, dass überflüssige Energie besser abfließen kann.

Es wäre grundsätzlich besser, durch die Nase zu atmen, weil die Luft befeuchtet und gefiltert wird. Aber beim Vorlesen haben Sie dazu keine Zeit. Die Nasenatmung hilft also nur am Ende des Absatzes oder wenn Sie im Text eine längere Pause machen wollen.

Ein Atemtraining kann sinnvoll sein, wenn Ihre Stimme nicht „trägt", wenn Sie also ohne Mikrofon nicht zu verstehen sind oder

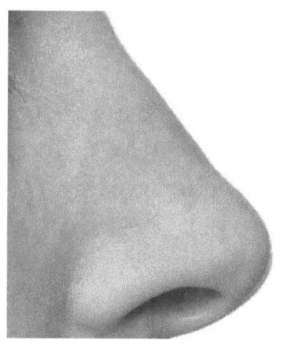

Stimmprobleme haben, z.B. weil Sie nach zwei Stunden Vorlesen erschöpft sind. Für die anderen wäre die Beschäftigung mit dem Atem lediglich ein spannendes Hobby.

15.

Ein Autorin oder ein Autor soll in erster Linie schreiben und nicht sprechen. Aber wenn sie oder er oft Lesungen hält, kann wie für alle Sprechberufe ein Training der Stimme hilfreich sein. Die Lautstärke ist normalerweise kein Problem, in größeren Räumen wird die Stimme technisch verstärkt. Aber es klingen nicht alle Stimmen immer wirklich schön.

Es gibt Menschen, die hören sich verschnupft an wie ein vornehmer Engländer oder Franzose, ohne eine Erkältung oder eine verstopfte Nase zu haben. Andere sprechen mit sehr viel Luft wie der smarte Radiomoderator, der die erotischen Songs um Mitternacht anmoderiert. Aber das sind Angewohnheiten, die man sich schnell abgewöhnen kann.

Stimme

Schon schwieriger ist es, wenn jemand den Mund nicht wirklich öffnet und mit zusammengebissenen Zähnen spricht. Dann klingt alles nuschlig und die Rezitatorin ist sehr schwer zu verstehen. Das machen oft Menschen, die mit der Situation auf der Bühne überfordert sind und Angst haben. Wenn Sie also das Feedback bekommen, trotz ausreichender Lautstärke nicht verstanden worden zu sein, dann könnten ein paar Stunden bei einem Sprecherzieher sehr hilfreich sein.

Ein noch größeres Problem ist eine schrille und harte Stimme, wie die von Heidi Klum oder Kermit, dem Frosch. Da wird auf die Stimme gedrückt, und je nach Eindruck klingt es schrill, spitz oder kehlig. Für den Laien  klingt das, als spräche derjenige zu hoch. Die Gründe dafür sind vielfältig. Das kann der Stress der Lesung sein, der Dialekt, oder da empfindet jemand das Leben als Kampf, den er jeden Morgen aufnimmt. Im Streit zum Beispiel wird bei uns allen die Stimme schrill.

Mit ein paar Stunden Sprecherziehung lässt sich aber auch aus so einer Stimme eine volle Stimme machen, die als angenehm empfunden wird. Doch das geht eben nicht ohne professionelle Hilfe. Und die ist gar nicht so teuer. Das ist ungefähr mit Klavierunterricht vergleichbar. Und steuerlich absetzbar ist es für Autoren auch noch. Theoretisch ist unsere Sprechstimmlage diejenige, die wir benutzen, wenn wir emotionsfrei bis 10 zählen, also leicht zu finden. Aber wenn eine Fehlfunktion vorliegt, wie zum Beispiel so eine schrille Stimme, kommen Sie damit allein auch nicht weiter.

16. Verschiedene Personen beim Lesen zu charakterisieren, ist doch eigentlich ganz einfach. Männer und alte Menschen spricht man mit tiefer Stimme, Frauen und Kinder mit höherer Stimmlage. So haben das unsere Mütter und Großmütter beim Vorlesen schon gemacht.

Leider klingt das nicht

Die Stimmfarbe

sehr professionell. Und das hat einen ganz einfachen Grund:

Sobald wir von unserer natürlichen Sprechstimmlage, der sogenannten Indifferenzlage, abweichen, wird unser Stimmumfang eingeschränkt. Wenn Sie die piepsige Blondine mit hoher Stimme lesen, dann wird das auf die Dauer sehr eintönig, weil Sie in einer hohen Stimmlage nicht so variantenreich modulieren können wie in Ihrer eigenen.

Sprechen Sie tiefer als normal, wird es noch schwieriger, weil Ihre normale Sprechstimmlage am oberen Ende des unteren Drittels Ihres Stimmumfanges liegt. Der rauchige Mafiaboss wird also noch eintöniger sprechen als die Blondine.

Deswegen sollten Sie einen solchen Effekt nur ausnahmsweise und für einzelne Sätze benutzen. Da lassen sich schöne Effekte erzielen, zum Beispiel wenn Ihre Figur poltert, krächzt, hervorwürgt, kreischt, stammelt oder stottert. Sie sollten sich das fürs Vorlesen nur gut kennzeichnen.

Ansonsten rate ich von einer Färbung der Stimme ab. Unterhalten sich bei Ihnen verschiedene Personen, so geben Sie Ihnen unterschiedliche Charaktere, damit sie zu unterscheiden sind, aber färben sie nicht. Und wenn ein Mann eine Frauenstimme liest und umgekehrt, müssen Sie das nicht durch die Stimmfarbe kennzeichnen. Das verstehen wir nach ein paar Sätzen auch so.

Eine Ausnahme sind Tierstimmen oder Stimmen von Fabelwesen oder sprechende Gegenstände. Hier können Sie nach Herzenslust experimentieren. Der Luftballon wird mit prallen Backen gesprochen, der Fuchs presst verschlagen seine Sätze hervor und die Elfe haucht in den Abendwind.

Einzige Bedingung: Sie dürfen Ihrer Stimme keine Gewalt antun. Wenn Sie sich wehtun, tut sich auch das Publikum weh. Wir leiden dann mit Ihnen. Hören Sie mal eine ganze Episode „Pumuckl".

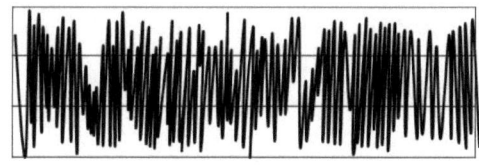

Das fällt für mich unter Folter für die Ohren.

17.

Morgen ist die große Lesung und natürlich sind Sie heiser oder die Stimme ist belegt. Ist ja wieder typisch. Immer, wenn es darauf ankommt… Das ist kein so ein blöder Zufall, wie Sie vielleicht meinen.

Stimmstörungen

Wenn der Druck zu groß ist, wenn die Messe-halle gesteckt voll ist, kann es einem schon mal die Sprache verschlagen. Es gibt Ärzte, die z.B. Sänger mit Spritzen in 24 Stunden wieder fit bekommen. Ob Sie diesen Weg überhaupt in Erwägung ziehen, überlasse ich Ihnen.

Ich habe in 40 Jahren auf der Bühne immer eine Stimme gehabt. Weil ich mich pflege, weil ich aufpasse, weil ich vorsichtig bin, weil ich weiß, dass ich kein zweites Mal eingeladen werden, wenn die Veranstaltenden 100 Zu-schauer nach Hause schicken müssen.

Dass ich nicht rauche, versteht sich von selbst. Am Tag vor der Lesung trinke ich aber auch keinen Alkohol, und am Tag der Lesung schon gar nicht.

Bei den geringsten Anzeichen von Hals-schmerzen, lasse ich alle Milchprodukte weg, damit meine Stimmbänder davon nicht ver-schleimt werden. Meistens lasse ich das Essen dann ganz weg. Ein Körper, der nichts mehr zu essen bekommen, schmeißt die Krankheit einfach raus. Das ist jetzt vielleicht etwas übertrieben, aber 40 Grad Fieber wären für mich kein Grund zu Hause zu bleiben.

Wenn die Stimme schon heiser ist, sprechen Sie leise, aber flüstern Sie nicht. Keine zucker-haltigen Bonbons. Profis habe alle eine Marke, auf die sie schwören, und die sie vorher aus-probiert haben. Ein Apotheker kann da ein guter Bera-ter sein.

Sie können den Hals warmhalten. Meiner Erfahrung nach ist Kühlen besser. Wenn wir die Heiserkeit als eine Schwellung betrachten, geht die durch Küh-lung zurück. Also ein Handtuch unter kaltes Wasser aus der Leitung, auswringen, um den Hals und einen Schal drüber.

Wenn Sie häufig Stimmprobleme haben, könnte Ihre Fußbodenheizung schuld sein. Der Staub kann sich nicht absetzen, weil er durch die warme Luft immer wieder hochge-wirbelt wird. Und diesen atmen Sie täglich ein. Also Fußbodenheizung nur in den Teilen der Wohnung, in denen Sie hoch genug sitzen oder ausschließlich stehen.

18. Es gibt Menschen mit einer „feuchten Aussprache". Ihre Rezitation begleitet ein feiner Sprühnebel. Besonders bei S-Lauten, die mit viel Emphase in die Menge geschleudert werden, ist der gespuckte Speichel besonders gut zu erkennen („Österreichisch ‚tschüss' heißt tschechisch ‚tschö'").

Wenn dann bei Taschenlampenlicht vorgelesen wird oder unter Scheinwerfern, die ei-

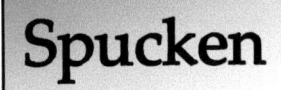

nen Lichtkegel werfen, ist jedes kleinste Speicheltröpfchen zu sehen.

Natürlich können Sie die Beleuchtung verändern, aber der Ausstoß von Speichel beim Sprechen hat eine Ursache. Möglicherweise schlucken Sie falsch und transportieren den Speichel ungenügend ab, so dass Sie immer viel Speichel im Mund haben, der dann beim Sprechen gegen Ihren Willen austritt.

Einen Anhaltspunkt können Sie bekommen, wenn Sie kontrollieren, wo sich Ihre Zunge in Ruhestellung befindet. Setzen Sie sich entspannt hin und halten Sie den Mund geschlossen. Was macht jetzt ihre Zunge? Liegt die Zunge richtig, dann stößt die Zungenspitze an die Innenseite der oberen Zahnreihe und wölbt sich in den Gaumen. Menschen, deren Zunge in Ruhelage im Unterkiefer liegt, sollten ihre Zahnärztin mal überprüfen lassen, ob sie richtig schlucken. Dabei werden Punkte des Mundinnenraumes farblich markiert, der Patient schluckt, und anschließend kann man an den Veränderungen der Markierungen feststellen, ob man richtig geschluckt hat. Sollte die Zahnärztin falsches Schlucken feststellen, lässt sich das mit einer verhältnismäßig einfachen Behandlung (Myofunktionelle Therapie) in einer logopädischen Praxis beheben. In der Regel reichen 10 Termine à 20 Minuten. Es ist sehr spannend, was man da über sich lernen kann.

Auch Menschen, denen der Unterkiefer nach unten klappt, wenn sie unbeobachtet sind, so dass der Mund - etwa beim Fernsehen - leicht offen steht, sollten überprüfen, ob sie richtig schlucken.

Man muss sich also weder mit Sprühregen beim Sprechen noch mit einem dummen Gesichtsaus-

druck in un-
beobachteten
Momenten
zufriedenge-
ben. Beides
lässt sich mit
geringem
Zeitaufwand
beheben.

19. Es gibt kaum etwas, vor dem Rezitatoren mehr Angst haben als vor einem Versprecher. Dabei gibt es so viele Dinge, die dem Publikum den Spaß an einer Lesung verleiden können. Ein paar kleine Versprecher gehören sicher nicht dazu.

Wenn man seine eigenen Versprecher nicht korrigiert, übernimmt das eigenartigerweise

Versprecher

der Zuhörer. Solange der Hörer weiß, was gemeint ist, bleibt er sehr gelassen. Glauben Sie nur nicht, dass außer mir jemand schmunzelt, wenn im Gespräch Aufgehoben ist nicht aufgeschoben gesagt wird. Der Fehler fällt nicht auf, weil wir ja genau verstehen, was gemeint ist. Auch Der Angler muss dem Fisch schmecken und nicht dem Köder kommt den wenigsten komisch vor. Es ist inzwischen schon eine Seltenheit, wenn ein Sprichwort in den Medien mal richtig benutzt wird. Platzt Ihnen da nicht auch mal die Hutschnur?

Jetzt gibt es aber noch diese Versprecher, bei denen bestimmte Wörter nicht rauswollen. Und die kommen meistens auch noch in Gruppen vor. Denn während Sie sich noch über den ersten Versprecher ärgern, folgt der nächste.

Mangelnder Ärger über sich kann also helfen, Versprecher zu vermeiden. Versprecher sind natürlich und machen einen Autor menschlich und nahbar.

Ihre Stimme sollte aber fit sein. Nun finden Lesungen in der Regel nicht um 7 Uhr morgens statt, aber es empfiehlt sich eben auch nicht, direkt nach dem Nachmittagsschläfchen, eine mehrstündige Familiensaga vorzutragen. Beim Sport wärmen Sie sich ja auch auf. Sie wissen selbst, ob sie in den drei Stunden vor der Lesung gesprochen haben. Wenn nicht, sprechen Sie mit

Ihrem Lenkrad oder singen Sie für Ihr Hotelzimmer, aber versuchen Sie keinen Kaltstart. Wenn ich im Auto oder auf dem Fußweg zur Veranstaltung merke, dass meine Stimme kratzt oder rau ist, kann ich mich jetzt noch wunderbar einsprechen.

Tauchen die Versprecher immer an denselben Stellen auf, empfiehlt es sich, diese Stellen zu üben. Profis haben kleine Übungstexte für ihre Lieblingsfehler, die man zwischendurch immer mal wieder durchgehen kann.

20.

Jede Sprecherin kennt Wörter, bei denen sie sich sicher verhaspelt. Dummerweise sind es für jeden Menschen andere. „Defibrillator" ist wahrscheinlich für alle schwierig, genauso wie nicaraguanisch oder die Desoxyribonukleinsäure. Daneben gibt es aber noch individuelle Schwierigkeiten, die für die einen leicht, für die anderen schwer sind.

Sie können versuchen, diese Wörter zu vermeiden. Dann kommt Ihr Held eben nicht aus Massachusetts, sondern eher aus Ohio. Aber um Regisseur, epileptisch oder Authentizität werden Sie unter Umständen nicht herumkommen.

Die schlechteste Lösung wäre es jetzt, das

Schwierige Wörter

Wort zur Übung ständig zu wiederholen. Wenn Sie fünfzig Mal Authentizität gesagt haben, dann hört sich das Wort komisch an, ganz davon abgesehen, dass Sie die Angst vor dem Wort gerade mitgelernt haben. („Gleich kommt es! Noch vier Wörter ...") – und schon verhaspeln Sie sich.)

Am einfachsten ist es, aus dem Wort eine sogenannte „sinnentleerte Übung" zu machen, so dass Sie üben können, ohne an das Wort erinnert zu werden. Sie ersetzen bei dem schwierigen Wort alle Vokale durch ein „i", also zum Beispiel rigissir. Und das gehen Sie jetzt mit allen Vokalen durch: rigissir, regesser, ragassar, rogossor, rugussur, rägässar, rögössör, rügüssür, reigeisseir, reugeusseur, raugaussaur.

Das klingt sehr nach den drei Chinesen mit dem Kontrabass, und es empfiehlt sich, die Übung nicht unbedingt im Beisein nichts ahnender Zuhörerinnen oder Zuhörer zu machen.

Doch die Übung ist sehr wirkungsvoll und lässt sich so mal schnell zwischendurch anwenden. Dreimal Itintizitit oder tschichisch mit allen Vokalen durchgesprochen, und das Wort fällt Ihnen nie mehr schwer.

Portemonnaie

Nichtsdestotrotz

Souterrain

Schreiben Sie außerdem schwierige Wörter mit Bindestrichen. Steht in Ihrem Manuskript statt intracytoplasmatisch besser intra-cyto-plas-matisch, ist das dann viel leichter zu lesen. Also Streich-holz-schäch-tel-chen und Kern-spin-to-mo-graph. Zum Schluss sollten Sie schwierige Worte so aufschreiben, wie Sie sie lesen.

Aus echauffieren wird eschoffieren. Also heißt es Ohr-Erkenschwick, Gido und Bill Gehts. Geben Sie Ihr Manuskript nur niemandem zu lesen.

21.

In der Phonetik geht es um die Festigkeit und Genauigkeit der Aussprache. Und da gibt es eine einfache Übungsmöglichkeit, um dem Nuscheln vorzubeugen.

Wir sprechen vor allem dann undeutlich, wenn eine große Anzahl von Konsonanten hintereinander kommt du stopfst Smokingho- 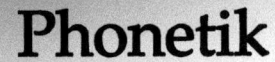 sen oder die Gischt klatscht oder du schnarchst prustend. Die Wahrscheinlichkeit, hier beim Lesen ein bisschen durcheinander zu geraten, ist groß.

Sprecherzieherinnen machen aus dieser Konsonantenkombination wieder eine sinnentleerte Übung, damit sich nicht das Wort (und damit die Angst vor dem Wort) einprägt, sondern die schwierige Stelle gut trainiert werden kann.

Zu diesem Zweck isoliert man die Konsonantengruppe, und da man Konsonanten ohne Vokale nicht sprechen kann, setzt man den Vokal i davor und dahinter. Da wird aus stopfst Smokinghosen ganz einfach ipfstSmi. Das kann man wunderbar mit allen Vokalen durchgehen. Ipfstsmi, epfstsme, apfstsma, opfstsmo, upfstsmu, äpfstsmä, öpfstsmö, üpfstsmü, eipfstsmei, eupfstsmeu, aupfstsmau. Natürlich müssen Sie nicht genau meine Reihenfolge der Vokale nehmen (obwohl die sich sehr bewährt hat). Mit einem Zeitaufwand von wenigen Minuten können Sie die Stelle trainieren. Das Beste ist, dass Sie selbst überprüfen können, wann Sie es können. Wir konnten an der Schauspielschule nicht mogeln. Wer die Buchstabenkombinationen nicht runterrattern konnte, hatte nicht geübt. Also weiter geht es mit ischtkli und irchstpri. Da können Sie jetzt ganz kreativ sein für jede Art von sprecherischem Problem.

Viele Menschen haben Probleme mit dem ch. Also kombinieren Sie das mit einem sch. Einmal vor und einmal zurück, sonst ist es zu einfach: chi schi schi chi – und das wieder mit allen Vokalen. Anschließend kommt schi chi chi schi.

Wer das stimmhafte nicht vom stimmlosen s unterscheiden kann, macht si ßi ßi si und umgekehrt. Aber auch n und m oder h und j kann man kombinieren.

Wer gegen Aluminium minimal immun ist, besitzt Aluminiumminimalimmuni-

Franken, die Probleme mit dem d und dem t haben, machen dititidi usw. Entwerfen Sie einfach eine Übung für genau Ihr Problem, das Sie dann ganz gezielt trainieren können.

22. Für die meisten Autoren gibt es, was das Vorlesen angeht, eine große Lücke zwischen den ersten Klassen der weiterführenden Schule und der ersten Lesung als Autor. In dieser Zeit wurde Lesen weder geübt noch angewandt, und so orientiert sich die Art, wie Autoren ihre Romane oder Geschichten lesen an der Art, wie in der Schule gelesen wurde.

Wenn man die Literatur für Deutschlehrer durchforstet, stößt man auf die drei Grundanforderungen des Lesens in der Schule, über die ich jedes Mal schmunzeln muss: „Langsam, laut und deutlich."

Schön sprechen

Da geht es nicht um sinnerfassendes Lesen oder darum, dass der andere versteht oder vielleicht sogar von einem Text gefesselt ist, sondern lediglich darum, den Text auf eine verständliche Art hörbar zu machen. Etwas, das für die meisten Menschen gar kein Problem ist.

Was die nötige Lautstärke angeht, da lasse ich noch mit mir reden. Wenn man nichts versteht, ist die schönste Lesung verloren. Aber ab 30 Leuten wird es ohne Mikrofon sowieso schwierig.

Aber ist es wirklich ein Wert, langsam zu lesen oder deutlich? Man stelle sich einen Autor

Sprache
vor, der laut und deutlich jede Silbe kauend seinen Text zum Vortrage bringt.

Wenn Autoren anfangen „schön" zu sprechen, dann hört für die Zuschauer jeder Spaß auf. Anstatt sich dem Text unterzuordnen, ist der lesende Autor jederzeit zu hören. Er schiebt sich in den Vordergrund. Ganz davon abgesehen, dass so ein bemühtes Lesen sehr anstrengend sein kann. Die Vorstellung, sich gerade beim Helden Ihrer Geschichte in einem südamerikanischen Gefängnis zu befinden, wird so nicht entstehen.

Das heißt nicht, dass Sie mit Absicht nuscheln sollen. Aber wenn so eine Lesung richtig gut läuft, dann hört man keinen Text, man hört eine Geschichte, man hört einen Erzähler und keine Aufeinanderfolge von Worten.

Es gibt so viel mehr Kriterien, wie aus einer langweiligen Lesung ein spannender und unterhaltsamer Abend wird, als eine deutliche Sprechweise. Die geschriebenen Worte des Romans oder Gedichts sind davon nur ein kleiner Teil.

23. Viele Menschen nuscheln auch deshalb, weil sie sehr introvertiert sind (das Öffnen des Mundes hat mit Mut zu tun) oder sprechen undeutlich, weil sie zu schnell „über die Sätze rutschen".

Deutlichkeit

In beiden Fällen ist es sehr sinnvoll, Geld in ein paar Stunden beim Sprecherzieher oder einer Sprachheilpädagogin oder Logopädin zu investieren. Achten Sie nur darauf, dass derjenige mit gesunden Menschen arbeitet, also mit Schauspielern oder Sängerinnen. Und achten Sie darauf, dass Ihnen niemand einen Korken in den Mund schiebt. Denn dadurch versteift sich der Unterkiefer, und die Wahrscheinlichkeit, dass Sie S-Laute falsch aussprechen, nimmt zu.

Es kann auch vorkommen, dass die Bühnensituation einen Menschen überfordert. Ich mache den Mund nicht auf, weil ich mich nicht traue. Entscheidend wäre also, ob so eine Undeutlichkeit oder ein Nuscheln nur auf der Bühne auftritt oder auch sonst.

Deutlichkeit ist kein Selbstzweck, sondern bedeutet aus meiner Sicht die Abwesenheit von Undeutlichkeit. Das reicht. Eine Autorin auf der Bühne sollte genauso sprechen wie im privaten Gespräch. Auch wenn ihr viele, viele Menschen zuhören.

Allerdings bin auch ich dafür, keine Silben zu verschlucken und freue mich, wenn die knapp bekleideten Klippenspringer knirschen oder die die Vibration vergrößernden und den Apparat erschütternden Versuche deutlich gesprochen werden. Phonetische Übungen, mit denen Sie das am einfachsten trainieren, habe ich Ihnen ja schon in Folge 21 gezeigt.

Aber: Wenn Sie alle Wörter kauen, als machten Sie dabei Turnübungen für Ihre Mundpartie, wird das für das Publikum unter Umständen sehr anstrengend.

Spricht hingegen Ihre Figur so,

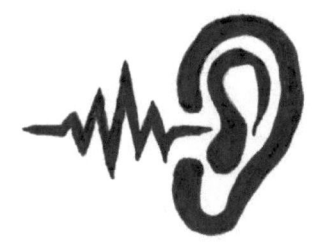

können Sie das bewusst einsetzen. Ein General darf zackiger und akzentuierter reden als ein Lebenskünstler abends an der Strandbar, ein energiegeladener Mensch anders als ein müder Wanderer nach einem langen Tagesmarsch.

In der Stimme drückt sich immer auch ein Teil unserer Persönlichkeit aus, und das können Sie bei einer Lesung sehr gut einsetzen, um Ihre Figuren zum Leben zu erwecken.

24.

Sprechen Sie bei Ihren Lesungen hochdeutsch? Oder vielmehr richten Sie sich nach der deutschen Standardaussprache? Das ist nicht unbedingt nötig, um auch verstanden zu werden. Zumal, wenn Sie Regionalkrimis lesen oder Sie ganz leichten Dialekt sprechen.

Wenn Sie es aber wollen und sich mit der korrekten Aussprache beschäftigen, werden Sie feststellen, dass das gar nicht so einfach ist. Damit kennen sich meist nur Sprecherzieher aus oder Schauspielerinnen, die großen Wert darauf legen, völlig dialektfrei zu sprechen. Besonders viel Diskussionsbedarf gibt es immer bei der Endsilbe -ig. Denn da wird es richtig kompliziert.

Die Endsilbe -ig wird nämlich richtig immer -ich ausgesprochen. Also der Könich, der Honich, wenich oder zackich. Das ist nicht unbedingt logisch, weil es ja auch Grahp und Tahk heißt, aber es ist richtig. Doch so einfach ist es im Deut-

Die Endung „ig"

schen nie, denn es gibt ein paar Ausnahmen und Besonderheiten.

Wenn nach dem -ig ein Vokal folgt, dann heißt es nicht -ich sondern -ig, also die Königin, richtigerweise oder wenige. Wenn nach dem -ig aber ein Konsonant folgt, dann heißt es wieder ich, wie in des Könichs, wenichstens oder am wichtichsten. Auch bei zusammengesetzten Wörtern bleibt es bei der Endung ich, wenn der zweite Wortteil mit einem Konsonanten beginnt. Also heißt es Ewichkeit oder Wichtichtuer.

Und es geht weiter. Wenn nach dem -ig die Endung -lich folgt, wird das -ig wie -ik gesprochen, z.B. in königlich, ewiklich, lediklich.

Auch bei dem Wort Königreich wird das -ig wie -ik gesprochen.

Wenn das i in der Endung -ig Teil eines ei-Lautes ist, gelten die ig-Regeln nicht. Wenn man es kneten kann, heißt es weiter Teig und nicht Teich. Im Teich schwimmen die Enten.

Eine letzte Ausnahme sind die Eigennamen. Der Bayernkönig heißt weiter Ludwik, weil er entschieden hat, dass er so genannt werden möchte. Für die Aussprache des eigenen Namens gäbe es zwar auch Regeln, aber jeder entscheidet selbst wie er heißt.

Eine gute Hilfe bei Streitfällen bietet der Ausspracheduden oder das Buch "Deutsche Aussprache" von Theodor Siebs. Auch im Internet gibt es viele Hilfe-Seiten zur Aussprache.

KÖNIG
KÖNGIN
KÖNICH
KÖNICHIN
KÖNIGREICH
KÖNICHREICH
KÖNIKREICH
LUDWIG
LUDWIK

25.

Das mit dem –ig reicht jetzt hoffentlich als abschreckendes Beispiel. Mit der deutschen Standardaussprache würde ich an Ihrer Stelle nicht viel Zeit verbringen.

Wenn Sie wirklich versuchen, alles richtig zu machen, dann absorbiert das Ihre ganze Aufmerksamkeit. So ein paar kleine Aussprachefehler sind doch ganz sympathisch. Wo Sie da die Grenze ziehen, überlasse ich Ihnen. Ein paar Beispiele:

Viele Wörter werden unterschiedlich geschrieben, aber genau gleich ausgesprochen, wie zum Beispiel das – dass, hält – Held, Verse – Ferse, mehr – Meer, wieder – wider oder bis – Biss. **Dafür besteht ein hörbarer Unterschied bei** fing – Fink, weg – Weg, Schoß – schoss, Ehre – Ähre, bohrt – Bord **und** flucht – Flucht. Wachst du die Skier **oder** wachst Du nachts auf? Wachs-tube oder Wachstube. **Ohne Sprechzeichen ist das nicht zu schaffen.**

Bei Stiefvater **dürfen wir von einem zum anderen Wortteil binden, bei** Taubenei **oder** Strommesser **nicht. Sonst wird es entweder ein** Strom-Esser **oder ein** Stro-Messer.

Die richtige Aussprache

Sprache

Für das ch gibt es fünf verschiedene Ausspra-chemöglichkeiten. Das Ich-ch wie z.B. in richtig oder China, das ach-ch wie in lachen oder Wo-che, das ch als k wie in Chiemsee oder Christi-an, das ch als sch wie in charmant oder Champagner und das ch als tsch wie in Couch oder Chile.

Chiemsee
Chile
China
Champagner
lachen

Ein besonderes Problem ist der Buchstabe e, wenn er für einen stummen e-Laut steht, wie zum Beispiel in Guten Morgen. Ein e kann ich auf fünf verschiedene Arten aussprechen. Wenn es aber ein stummes e ist, dann wird es gar nicht gesprochen. Hier heißt es also richtig Gut'n Ab'nd. Wenn Sie aus den beiden e lange geschlossene e machen und einen fröhlichen Guteeen Abeeend wünschen, wäre das ein gründliches Missverständnis.

Schwierig ist dann noch die Mischung ver-schiedener Sprachen. Bei den Galloway-Rindern müssen Sie enorm aufpassen, dass Sie das r in Rinder nicht rollen wie ein Amerikaner mit starkem Akzent.

Und diese Kombinationen aus verschiedenen Sprachen werden häufiger. Die Truckerin, die nach dem Debriefing einen Trendscout trifft und dann ins Open-Air-Konzert geht.

26. Über Betonungen in Sätzen kann man diskutieren, über die betonten Silben einzelner Wörter nicht. Die kann man manchmal unlogisch finden, aber dass es LEbensversicherung heißt oder MÜdigkeit, darüber gibt es keinen Zweifel.

Dabei hat jedes Wort im Deutschen nur eine betonte Silbe. Es heißt also nicht RESTmüllbeHÄLtervoLUmen, sondern RESTmüllbehältervolumen. Davon gibt es nur wenige Ausnahmen,

Die Wortbetonung

wie der Vor-dem-Sex-Einschläfer oder die Deutschland-sucht-den-Superstar-Gewinnerin.

Weitere Ausnahmen sind zusammengesetzte Adjektive, die aus einem Vergleich entstanden sind, wie zuckersüß oder mausetot.

Die meisten Wörter werden auf der ersten Silbe betont, aber davon gibt es Ausnahmen, wie FoRELle oder HoLUNder, willKOMmen oder ZeremoNIE.

Das ist noch verhältnismäßig einfach. Das Schwierige ist, dass sich die Wortbetonung der Satzbetonung unterordnet. Jemand spielt in FERNsehfilmen und in KINOfilmen, aber er dreht FernsehFILME und FernsehSERIEN.

Sogar die Bedeutung kann sich durch die Betonung verändern. Ob es StanDARTEN oder die STAND-Arten sind, entscheidet die Betonung. Der Text wurde perFEKT ins PERfekt übersetzt. Wie sagt der Skilehrer: Ihr sollt die Leute nicht UMfahren, sondern UmFAHren.

Manchmal verändern wir aber die Betonung auch aus Liebe zum Rhythmus. Wir fangen zum Beispiel am liebsten einen neuen Satz mit einer betonten Silbe an, auch wenn das Wort erst auf der zweiten oder der dritten Silbe betont wird, wie bei MOmentan, AKtuell, PArallel. ALLerdings oder TURbulent. Einige Wörter werden nicht nur am Satzanfang falsch betont,  wie z.B. KIlometer. Das Gegenteil gibt es ebenfalls bei außerDEM oder stundenLANG. Wer sich ganz sicher sein möchte, der schlägt nach, wie ein Wort zu betonen ist! Das kann sich im Laufe der Jahre auch mal ändern.

Moderatoren in Radio oder Fernsehen haben die App „forvo" auf Ihrem Handy, die einem die richtige Aussprache eines Wortes vorspielt.

Danach muss man sich nicht richten, Sprache verändert sich. Aber mir hilft es immer zu wissen, wie es denn richtig wäre.

27. In vielen Rhetorikbüchern gibt es eine Übung, bei der man die Betonungen im Satz verändern muss. Der Leser soll bei jedem Versuch ein anderes Wort im Satz betonen. Mit dieser Übung will der Autor zeigen, dass eine Veränderung der Betonung eine Veränderung der Bedeutung des Satzes nach sich zieht.

Aber so einfach ist es nicht. Was ändert sich zwischen ICH trinke keinen Wein und Ich trinke KEINEN Wein.

Ich kann beide Sätze

Bedeutung von Betonungen

schreien oder jammern, ich kann sie jemandem messerscharf entgegenschleudern oder sie mit einem Kuss begleiten. Die Haltung des Sprechers, der Unterton, der Subtext hat mit der Betonung nichts zu tun. Die Bedeutung ändert sich also durch die Betonung nicht. Die Aufgabe der Betonung ist es, den richtigen Zusammenhang herzustellen. Da der Autor den Zusammenhang ja kennt, kann er uns mit der richtigen Betonung enorm helfen, komplexe Sachverhalte oder Beziehungen zu erkennen. Das ist wohl einer der wichtigsten Gründe, warum Vorlesen oder erklären oft hilfreicher ist, als wenn man selbst liest. Bei DU magst Wein trinken, ich trinke KEINEN Wein ist es einfach. Hier hätte wohl niemand Probleme beim Vorlesen. Aber was, wenn der erste Satz fehlt? Möglicherweise ergibt sich die Betonung des zweiten Satzes aus einem Gespräch, das die beiden schon Seiten vorher geführt haben. Auf Seite 23 steht Ich TRINKE keinen Wein, und wenn derjenige auf Seite 33 nochmals darauf angesprochen wird, sagt er:

SIE mag mich sehr!
Sie MAG mich sehr!
Sie mag MICH sehr!
Sie mag mich SEHR!

Ich trinke KEINEN Wein (das habe ich Dir schon hundert Mal gesagt.) Wenn Sie also Texte lesen, die nicht von Ihnen sind, sollten Sie sich vor dem Vorlesen gut auskennen. Bei der Betonung ICH trinke keinen Wein handelt es sich möglicherweise um den indirekten Vorwurf, verwechselt worden zu sein. Und Ich trinke keinen WEIN kann der Wink mit dem Zaunpfahl sein, Whiskey zu servieren.

Und Missverständnisse können Betonungen auch noch vermeiden. Ich habe unsere Tochter beim TENNIS geschlagen ist deutlich weniger gewalttätig, als Ich habe unsere Tochter beim Tennis GESCHLAGEN. Einen Text zu lesen heißt eben auch, ihn zu manipulieren.

28. Die betonten Wörter in einem Satz zu finden, ist einfacher als man glaubt. Machen Sie einfach aus dem Satz eine Schlagzeile, und Sie haben die betonten Wörter gefunden. Versuchen Sie mal diesen Satz einzudampfen:

Die Satzbetonung

Die Gemeinschaft der Tiere hatte sich schon vor vielen Stunden auf der großen Lichtung mit der hohen Tanne versammelt.

Theoretisch können Sie hier viele Wörter betonen. Aber wenn Sie versuchen, den Satz größtmöglich zu kürzen, erhalten Sie: Tiere seit Stunden versammelt. Damit haben Sie die betonten Worte zusammen. Die Bestimmung seit wird auch in der verkürzten Überschrift nicht betont. Also erhalten wir drei betonte Wörter. Auch wenn Sie den Satz weiter verlängern würden, würde es bei diesen Betonungen bleiben.

Die Gemeinschaft der TIERE hatte sich schon vor vielen STUNDEN auf der großen Lichtung mit der hohen Tanne VERSAMMELT. **Erst bei einer bestimmten Länge kämen weitere Betonungen hinzu.** Die Gemeinschaft der TIERE hatte sich schon vor vielen STUNDEN zum ersten MAL trotz strömenden REGENS auf der großen Lichtung mit der hohen Tanne VERSAMMELT.

Die Betonung verändert sich aber, je nachdem welcher der nächste Satz ist. Und da Sie als Autorin und Rezitator den nächsten Satz sicher kennen, kann es sein, dass Sie die Betonungen in dem Satz davor noch einmal ändern müssen.

Fängt der nächste Satz zum Beispiel mit Viele Tiere warteten VERGEBLICH auf der Lichtung mit der hohen Tanne... schlage ich vor, im Satz davor die LICHTUNG mit der HOHEN TANNE zusätzlich zu betonen. Schließlich führt genau diese Ortsangabe zu Problemen. Und Tiere betonen sie nicht nochmals. Das haben Sie ja bereits im Satz davor getan. Es kann also durchaus sein, dass Sie sich für ein **Tiere seit** Betonungszeichen ent- **Stunden** schieden haben, das Sie **versammelt!** revidieren müssen, nachdem Sie den nächsten Satz gelesen haben.

Sein ALTES Leben ließ er ZURÜCK. Aber das NEUE Leben hatte noch nicht ANGEFANGEN.

Betonungen stellen Zusammenhänge zwischen den Gedanken her. Aber auch das ist eine ganz wichtige Funktion, die Sie gut vorbereiten sollten. Jede Betonung ist ein Zuruf ans Publikum, sich das Wort zu merken.

29. Beim Betonen von Sätzen ergibt sich ja ein besonderes Problem dann, wenn wir als Vorlesende den nächsten Satz noch nicht kennen. Der Satz Sie nahm sich zwei Stück Kuchen ist völlig eindeutig. Aber nicht wenn es weitergeht mit Und nicht wie sonst nur eines. Da es um die Menge geht, hätte ich die Aufmerksamkeit des Auditoriums schon auf diese Tatsache lenken müssen, damit es leichter versteht, was gemeint ist.

Gegensätze betonen

Wenn man den nächsten Satz aber kennt, muss es natürlich heißen: Sie nahm sich ZWEI Stück Kuchen, und nicht wie sonst nur EINES. Jetzt ist klar, was der Autor sagen wollte. Das gleiche gilt analog für Sie NAHM sich zwei Stück Kuchen, es BOT ihr niemand etwas AN.

Jemand der vorliest, muss also den Text schon so vorbereitet haben, dass er weiß, was kommt. Beim Erzählen wüssten wir ja auch, warum wir diesen Gedanken erzählen und worauf wir mit unserer Geschichte hinauswollen.

Wir müssen uns also durch kleine Notizen im Text daran erinnern, was der Text eigentlich

sagt. In so einem Fall sind Sprechzeichen un-
erlässlich. Es wäre unsinnig, sich da auf seine
Intuition zu verlassen. Die kann in diesem
Falle keine Hilfe sein.

Manche Satzkonstruktionen geben die Betonungen vor, ohne dass wir darüber nachdenken müssten. Nach EINERSEITS folgt ANDE-
RERSEITS nach ERSTENS folgt ZWEITENS und
nach WEDER folgt NOCH. Da betonen wir au-
tomatisch richtig, weil wir durch die Betonung
dieser Wörter andeuten, dass noch etwas
kommt. Das heißt aber nicht, dass diese Wörter immer betont werden müssen. Es heißt Je

später der ABEND, desto
schöner die GÄSTE.
Trotzdem bereitet die
Betonung den Zusam-
menhang von Abend
und Gästen vor, und
wir erkennen, was ge-
meint ist.

Aber bei Gestern war ihr Ziel noch klar muss ich
den nächsten Satz kennen, um die Aufmerksamkeit richtig zu führen. Ist das Gefühl heute
nicht mehr klar? Ist das Ziel noch klar, aber
der Weg bereitet ihr Kopfzerbrechen oder war
das Ziel gestern noch so gerade klar, aber heute ist alles verschwommen. Nur wenn Sie das
wissen, können Sie den Satz so lesen, dass Sie
sofort verstanden werden.

30. In einer Schauspielergarderobe ist die richtige Betonung eines der wichtigsten Themen überhaupt. Worüber man aber nicht streitet ist die Tatsache, dass Anfänger meist zu viel betonen.

Der Rezitator oder die Schauspielerin kann sich nicht für bestimmte Betonungen entscheiden, und deswegen betont er oder sie alles, was ihnen so in den Sinn kommt.

Die Fahrt dauerte nun schon acht Stunden und er war trotz der vielen Cola und der lauten

Zu viele
Betonungen

Musik hundemüde. Wenn Sie sich auf diesen Satz nicht groß vorbereiten, dann hört sich das so an: Die FAHRT - dauerte NUN - schon ACHT STUNDEN - und er war TROTZ - der vielen COLA - und der lauten MUSIK - HUNDEMÜDE.

Zu viele Betonungen zerstören den Sinn eines Satzes. Das Verständnis wird deutlich erschwert. Für den Sprecher ist das prima, weil eine Erhöhung der Betonungen auch eine Reduzierung der Geschwindigkeit zur Folge hat. Es entstehen durch den schaukelnden Rhythmus Pausen. Und die helfen dem Lesenden, nicht durcheinander zu kommen.

Betonungen

Für das Publikum wird es aber genauso ermüdend wie im schlechten Mathematikunterricht. Die Betonung von Fahrt muss sein und von acht Stunden und von hundemüde auch.

 Wörter wie nun oder trotz werden nur betont, wenn sie im folgenden Text thematisiert werden. In diesem Fall würde ich auch Cola und Musik nicht betonen, wenn darauf anschließend nicht mehr eingegangen wird. Die FAHRT dauerte nun schon ACHT STUNDEN und er war trotz der vielen Cola und der lauten Musik HUNDEMÜDE. Jetzt liest sich der Satz flüssig und wird sofort verstanden.

Natürlich sind vor allem die Betonungen ein Teil der künstlerischen Gestaltung. Aber gerade wenn Sie längere Texte lesen, muss das Ganze locker daherkommen und nicht wie auf Elefantenbeinen hereinstampfen. Deswegen streichen Sie eher eine Betonung als eine Betonung dazu zu machen. Die Entscheidung, was für das Publikum wichtig ist, müssen Sie treffen. Wenn Sie das den Zuhörenden nicht abnehmen, nehmen die Ihnen das übel. Lediglich WENN DURCH die BETONUNG eine ERHÖHUNG der INTENSITÄT vermittelt werden soll, sind mehr Betonungen manchmal angebracht.

31.

Ich habe gerade erklärt wie wichtig es ist, die Anzahl der Betonungen zu beschränken, weil sie Sätze schwerfällig machen und etwas Oberlehrerhaftes haben.

Aber auch davon gibt es natürlich Ausnahmen. Zum Beispiel in dem folgenden Satz: Nachdem er gut und gerne zwei Tage bei Wind und Wetter Haus und Hof verbarrikadiert hatte...

Unabhängig davon, ob dieser Satz stilistisch gelungen ist, enthält

Mehrkernige Blöcke

er mehrere sogenannte zweikernige Blöcke. Das kann ein Hendiadyoin sein, also ein Ausdruck, bei dem zwei Wörter, die in etwa dasselbe bedeuten zu einem neuen Ausdruck werden, wie immer und ewig. Aber auch Tautologien, wie nie und nimmer, bei denen durch die Verbindung kein neuer Begriff entsteht, sind zweikernige Blöcke.

In diesen Blöcken müssen beide Teile des Blockes einen Ton abbekommen.

Lesen Sie mal, wie es sich anhört, wenn nur ein Teil des Blockes betont wird. Das machte er ihm im GROSSEN und Ganzen beim Frühstück KLIPP und klar. Das klingt komisch. So etwas macht man nur in einem Kabarettprogramm.

Es kann also sein, dass ein verhältnismäßig kurzer Satz viele Betonungen bekommt, weil er mehrere zweikernige Blöcke enthält.

AB und ZU war er FEUER und FLAMME für allerlei GLANZ und GLORIA. Das können Sie nur richtig lesen, wenn Sie sich für mindestens sechs Betonungen entscheiden, und auch das schwache Verb war sollte einen Ton abbekommen.

Das gilt aber nur, wenn der zweikernige Block an einer betonten Stelle steht. Bei Er war Knall auf Fall ARBEITSLOS bekommt kein Teil des zweikernigen Blockes eine Betonung, weil alles auf das Wort ARBEITSLOS hinläuft. Auch bei So richtig Feuer und Flamme für die ARBEIT war er NIE würde ich die Betonung von Arbeit und nie deutlich

stärker machen als die von Feuer und Flamme.

In diesem Fall ordnet sich die Betonung des Ausdrucks der Gesamtbetonung des Satzes unter.

Nicht in jedem Fall sind zwei gleichartige Wörter, die durch und verbunden wurden, zweikernige Blöcke. Bei Der ASPHALT war nass und GLITSCHIG entscheide ich mich eher für glitschig.

32.

Wenn Sie die richtige Betonung in einem Satz setzen wollen, sollten Sie nach dem Wort oder Begriff suchen, der im Satz neu ist.

Er fuhr nach Passau. Direkt NACH Passau machte er eine Pause. Aber das gilt nicht immer: Gerhard wurde gestern eingesperrt, Eva auf FREIEN Fuß gesetzt. Sie hören, dass das komisch klingt, obwohl es eigentlich ganz logisch ist. Ich betone den Gegensatz zwischen eingesperrt und frei.

Sobald wir es mit einem festen Ausdruck zu tun haben, ist

Feste Ausdrücke

die Betonung innerhalb dieses Ausdruckes vorgegeben. Wir können also Eva nur auf freien FUSS setzen. Ich kann jemanden kalt ABSERVIEREN oder ich kann jemanden heiß BEGEHREN. Aber solange es kein WARMES Abservieren und kein KALTES Begehren gibt, liegt die Betonung eindeutig fest und kann nicht verändert werden.

Es wäre in meinen Augen viel sinnvoller, wenn wir das Kind mit dem Bade AUSSCHÜTTEN. Das kraftvolle Verb AUSSCHÜTTEN bekäme meine Hauptbetonung. Aber so heißt der Ausdruck nun mal nicht. Also werden wir, wenn wir sinnvoll lesen wollen, weiter

Betonungen

das Kind mit dem BADE ausschütten. **Auch in dem Ausdruck** Er hatte SO einen Hals **sollte das** SO **betont werden, das nie betont würde, wenn es nicht Teil dieses speziellen Ausdrucks wäre. Es heißt also immer** auf und AB gehen, einmal ist KEINmal, die Hand ins FEUER legen **oder** Ach du DICKES Ei.

Eine Ausnahme besteht dann, wenn ich eine Verwechslung mit einem feststehenden Ausdruck vermeiden will. Ihm wurde nichts GESCHENKT **bedeutet, dass er es im Leben schwer hat. Wenn ich ausdrücken will, dass es nichts zum Geburtstag gab, dann** bekam er NICHTS geschenkt.

Eine weitere Ausnahme liegt dann vor, wenn der feststehende Ausdruck gar kein so wichtiger Teil des Satzes ist und die Betonung auf einem anderen Satzteil liegt. Es ist unsinnig unter FREIEM Himmel zu schlafen, **es muss der** freie HIMMEL **sein. Aber wenn die Betonung auf** SCHLAFEN **im Gegensatz zu** wachsam sein **liegt, dann betonen Sie** Er hatte sich VORGE-NOMMEN, unter freiem Himmel zu SCHLAFEN. **Oder** MENSCHEN, die alles schön reden, MAG ICH NICHT. **Die Satzbetonung schlägt die Wort- oder Begriffsbetonung.**

33.

ICH werde IHNEN heue MEINE Sichtweise darlegen, damit SIE, wenn SIE lesen, genau das machen, was ICH IHNEN vorschlage. Sie merken schon, dass sich das ganz furchtbar anhört. Aber es kommt so

Personal-pronomen

häufig vor, dass der Profi ununterbrochen den Kopf schüttelt. Der Radiomoderator betont, dass er sich so freut, dass SIE dabei sind, der Moderator wünscht UNS einen schönen Abend und der Entertainer hofft, dass es IHNEN gut geht.

Das ist alles überflüssiges Betonungsgeklingel von Menschen, die zu Hause ratlos vor ihrem Text sitzen und keine Ahnung haben, wo sie nicht vielleicht doch noch eine Betonung oder einen Akzent setzen könnten. Sie sind sich nur sicher, dass Sie noch etwas machen müssen. Einfach Vorlesen ist doch langweilig. Mein Tipp: Betonen Sie Verben, betonen Sie Substantive, aber überlegen Sie es sich mehrmals, bevor Sie eine andere Wortgattung betonen. Das ist fast immer falsch, besonders wenn es Personalpronomina sind. Was steckt da für eine Aggression drin, wenn ich sage WIR sind der beste Sender in München anstatt Wir sind der

BESTE Sender in MÜNCHEN? **Und Wörter wie** Ersterer, Letzterer **oder** Letztgenannter **betonen Sie ja ohnehin nicht, weil die in Ihrem Text gar nicht vorkommen.**

ICH	MICH	MIR
DU	DICH	DIR
ER	IHN	IHM
SIE	SIE	IHR
ES	ES	IHM
WIR	UNS	UNS
IHR	EUCH	EUCH
SIE	SIE	IHNEN

Natürlich gibt es Ausnahmen, bei denen die Betonung des Personalpronomens zwingend ist. Zum Beispiel in manchen Witzen. Treffen sich zwei Therapeuten. Sagt der eine zum anderen. „Dir geht es gut, und wie geht es MIR?"

oder Die letzten Worte des Löwenbändigers zum Kollegen: "Wie, ich dachte, DU hast sie gefüttert!" **Hier ist die Betonung des Personalpronomens Teil der Pointe. Auch in dieser schönen Geschichte von Vince Ebert verstärkt die Betonung außerhalb der Regel den Witz:** Wir waren neulich bei einem befreundeten Pärchen eingeladen. Erstes Kind. Kim. Sagt meine Frau: „Kim! Wie der nordkoreanische Diktator! Gut gewählt, so wie der brüllt!" ICH fand's lustig.

Damit ist klar, dass er als einziger gelacht hat, während um ihn herum betretenes Schweigen herrschte. Und das macht die Situation noch ein bisschen komischer. Aber das sind die berühmten Ausnahmen von einer möglichst oft zu befolgenden Regel.

34. Wenn es um Demonstrativpronomen geht, könnte der ein oder andere denken, dass es vielleicht entscheidendere Kriterien für eine gute Rezitation gibt als die richtige Betonung des Demonstrativpronomens. Das mag sein. Aber es gibt kaum etwas, was jemanden wie mich,

Demonstrativ-
pronomen

der sich tagtäglich mit der Aussprache und Intonation von Texten beschäftigt, mehr ärgert als diese unsinnige Hervorhebung einer Wortgruppe, die normalerweise nicht betont werden sollte.

Judith Rakers sagt in der Tagesschau sinngemäß: Die Tagesthemen heute mit Max Moderator. DArin ein Bericht... Was für eine eigenartige Betonung. Und das ist nicht die erste in der Hauptnachrichtensendung der ARD. DArauf verständigten sich die Parteien. DAmit hatte er nicht gerechnet **oder** DAS wurde gestern bekannt gegeben.

Das sind alles Demonstrativpronomen, und da monstrare das lateinische Wort für zeigen oder hinweisen ist, sollen uns diese Wörter auf etwas hinweisen. Der Irrtum ist nur zu meinen, das Wort übernehme schon das Hinweisen und man selbst braucht das nicht mehr zu tun. Würden Sie zu Ihrem Partner sagen: Sie haben DEN verurteilt, der für den Diebstahl

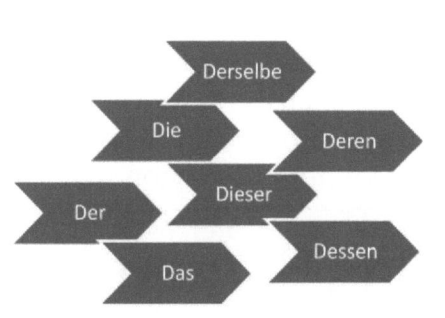

verantwortlich war? **Nein, Sie sagen:** Du, Sie haben den VERURTEILT, der für den Diebstahl verantwortlich war.

Oder Darauf VERSTÄNDIGTEN sich die Parteien **oder** Das wurde gestern BEKANNT GEGEBEN.

Die Fernsehmoderatorin Caroline Beil beendete jede ihrer Sendungen mit dem Satz Anregungen DAZU finden Sie im Internet. **Sagen Sie** das mal zu einem Ihrer Freunde oder Bekannten. Die werden sofort vermuten, dass Sie neuerdings beim Radio oder Fernsehen arbeiten.

Den Präpositionen ergeht es übrigens nicht besser. Im aktuellen Sportstudio heißt es dann zum Beispiel: IN Köln GEGEN Bayern MIT Müller. Es werden genau die drei Wörter betont, die nicht betont werden sollten. Warum man das so oft hört, kann ich Ihnen auch nicht wirklich erklären.

35.

Im Seminar strahlte mich mal ein Chinese an und sagte: „Das Schöne im Deutschen ist, dass sich alles erst im letzten Wort eines Satzes entscheidet. Wenn ich merke, dass es meinem Gegenüber nicht gefällt, dann baue ich kurz vorher ein NICHT ein."

Deutsch ist als Konferenzsprache ungeeignet. Während andere Dolmetscher schon früh das Verb brauchen, muss man im Deutschen darauf ziemlich lange war-

Das Satzende betonen

ten. Die Theaterbesucher der Aufführung von „Nora" im Deutschen Theater am Sonntagabend… **ja was kommt jetzt:** randalierten? **oder** klatschten?

Auch wenn das letzte Wort oft entscheidet, so muss man sehr aufpassen, es nicht dauernd zu betonen. Denn auch wenn das vorlesende Laien mit Vorliebe machen, weil sie dann nicht lange über die Betonung nachdenken müssen, ist das oft falsch.

Er hatte sich verliebt in SIE. Sie ging alle Alternativen DURCH. Er ist gerne zur Schule GEGANGEN. **Hier sind alle Endbetonungen falsch:** Er hatte sich VERLIEBT in sie. Sie ging alle ALTERNATIVEN durch. **Und es ist nicht wichtig, dass er** gerne zur Schule GEGANGEN ist, **sondern dass er** zur SCHULE gegangen ist.

Wie auch bei der Wortbetonung kann aber ein bestimmter Zusammenhang eine ganz andere Betonung erfordern. Du lügst: Er ist GERNE zur Schule gegangen.

Bei vielen Sätzen ist eine Betonung des letzten Wortes aber auch richtig: Das sag ihm ins GE-SICHT! Und sage es ihm DEUTLICH!

Normalerweise werden Wörter betont, deren Informationsgehalt hoch ist, also Verben oder Substantive. Aber manchmal hilft uns das nicht weiter. Zum Beispiel bei den zweigeteilten Verben. Gib doch nicht so AN! **ist genauso richtig wie** Damit komme ich nicht AUS. **Denn** ANgib nicht so! **und** AUSkomm damit! **ist eben kein Deutsch.**

Es gibt noch einen Grund, das letzte Wort nicht zu betonnen. Er hatte schlechte LAUNE. Und das nicht erst seit GESTERN. Die anderen waren ihm zu ALBERN. **Hier entscheide ich mich im mittleren Satz für eine Betonung des** NICHT, **damit die Sätze keinen leiernden Rhythmus ergeben, obwohl eigentlich das** GES-TERN **betont werden müsste.**

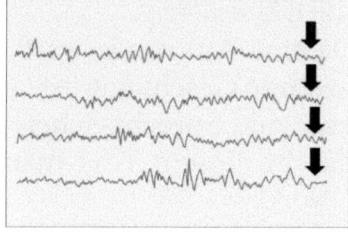

36. Ob eine Autorin etwas vom Vorlesen versteht, kann man am besten überprüfen, wenn in ihrem Text viele Zahlen vorkommen. Der Zusammenhang der Zahlen ist nämlich streng logisch. Dabei ist es so einfach. Es wird immer das betont, was neu ist.

Zahlen betonen

Beim Zählen ist es ganz klar: EINunddreißig, ZWEIunddreißig, DREIunddreißig. Die Einerstelle verändert sich, wird also betont. Dasselbe gilt analog für einundDREISSIG, einundVIERZIG und einundFÜNFZIG.

Aber wenn ihr Hauptdarsteller mit NEUNzehn das erste Mal im Gefängnis saß und zwei Jahre später wieder. Dann saß er nicht mit EINundzwanzig das nächste Mal, sondern mit einundZWANZIG. Wenn die Einer- und die Zehnerstelle wechseln, ist die Zehnerstelle wichtiger.

Also zweiundDREISSIG, dann kommt zweiundVIERZIG, dann kämen aber VIERundvierzig und NEUNundvierzig.

Da eine Autorin ja weiß, was die nächste Zahl in ihrer Geschichte ist, muss sie die Betonungen mit Sprechzeichen vorbereiten, wie ich das in diesem Text mache. Gestern waren es EINundzwanzig Grad, morgen werden es ACHTundzwanzig Grad sein. Aber gestern wa-

Betonungen

ren es SIEBzehn Grad, **morgen sind es** achtund-
ZWANZIG **Grad. Natürlich können Sie auch mit
Haken oder Unterstreichungen arbeiten.**

Ausnahmen sind die Zahlen von dreizehn bis
neunzehn. Die sind in unserer Vorstellung so
zusammengewachsen, dass die Zehnerstelle
nicht betont wird. DreiZEHN, vierZEHN **usw.
gibt es also nicht. Es heißt** DREIzehn, VIERzehn,
FÜNFzehn **usw. Erst ab der Zahl** einundzwanzig
habe ich wieder zwei Betonungsmöglichkei-
ten, Einerstelle und Zehnerstelle.

Mit den Hun-
derter- oder
Tausenderstel-
len gilt dassel-
be. **Nach** einundDREISSIG **kommt** EINHUN-
DERTvier.

Verschiedene Betonungen haben nichts mit
der Melodie zu tun, es geht immer darum,
den Zusammenhang klar zu machen.

Sollten Sie jetzt einwenden, dass viele Sprechende in den Nachrichten das auch falsch
machen, dann haben Sie Recht. Aber ich bin
überzeugt, dass Zuhörende jedes Mal ein Ge-
witter im Kopf bekommen, wenn jemand die
Zahlen falsch betont.

Besonders kompliziert wird es, wenn die Zahlen über Kreuz angeordnet sind. ZWEIunddreißig **Autos mit** EINundvierzig **PS und** DREIunddreißig **Autos mit** ZWEIundvierzig **PS.**

37.

Was soll beim Vorlesen von Sätzen mit einer Verneinung kompliziert sein? Eigentlich gar nichts. Und trotzdem finden wir bei lesenden Autoren – und übrigens auch bei vielen Nachrichtensprechern – sehr häufig einen Fehler:

Die Verneinung

Die Verneinung wird beim Vorlesen betont. Er hatte sich NICHT verliebt **oder** Es war NIEMAND zu sehen. Der Vorleser hebt die Verneinung hervor, weil er ja gerade sagen will, dass etwas NICHT so ist. Aber so sprechen wir nicht. Wir sagen nicht Ich habe NIEMANDEN gesehen, **sondern** Ich habe niemanden GESEHEN. Wir sagen nicht Ich habe KEIN Glück, **sondern** Ich habe kein GLÜCK. Wir betonen Wörter mit einem hohen Informationsgehalt und nicht das vergleichsweise blasse nicht.

Die Verneinung wird nur dann betont, wenn nach ihr gefragt wird und die Antwort negativ ausfällt. LIEBST du mich? – NEIN, ich liebe dich NICHT. Das hat dann auch damit zu tun, dass wir ja immer betonen, was neu ist. Und in diesem Satz ist nur das Wort NICHT neu, und deswegen wird es auch betont. Der Sprecher will etwas klarstellen. Er will unmissverständlich sein. Für mich NICHT.

Die Betonung der Verneinung hat etwas leicht Aggressives, als habe der Sprecher das ja nun schon einmal gesagt. Wenn man liest Ich habe NICHTS gesehen, hört man immer ein bisschen den Ärger raus, danach jetzt (schon wieder) gefragt zu werden.

Die Verneinung ist so stark, dass wir sie nicht betonen müssen. Das gilt auch, wenn die Verneinung durch ihre Stellung im Satz hervorgehoben wird. Anstatt NICHT Fisch, NICHT Fleisch heißt es Nicht FISCH, nicht FLEISCH.

V
NEGATION
NIRGENDS
NEIN
ABLEHNUNG
NIEMALS
NICHT
UNMÖGLICH
NIE
GAR NICHT

Eine weitere Ausnahme besteht dann, wenn der zweite Satz auf den ersten ausdrücklich Bezug nimmt und in erster Linie der Gegensatz betont werden soll. Alle gingen zum Strand. Eva NICHT. Wird der Satz länger, dann verschwindet die Betonung der Verneinung wieder. Alle gingen zum STRAND. Eva ging diesmal nicht MIT.

Eine letzte Ausnahme sind Sätze, in denen die Verneinung Teil eines Gegensatzpaares ist. EIN Tor ist besser als KEIN Tor oder MIT Mann ist es schöner als OHNE Mann. Da ist es sinnvoll, die Verneinung zu betonen.

38.

Es gibt aber eine Menge Fälle, in denen Sprechzeichen keine Frage der persönlichen Vorliebe sind, sondern absolut notwendig, weil sich der Inhalt ändert, je nachdem, wie ich betone. Es gibt im Deutschen viele zweideutige Wörter, denen ich ohne Kontext nicht ansehe, was sie bedeuten.

Notwendige Sprechzeichen

Egal ob es der Tenor ist, der mit einem gewissen Tenor spricht, oder ob es um das Model geht, das Modell steht oder ob wir vom Sparkassenangestellten erzählen, der die Barkasse mit der Barkasse kauft. In allen Fällen sind Betonungszeichen dringend notwendig, wenn man nicht eine Flut von Versprechern riskieren will.

Aber es ist auch ein Unterschied, ob man jemandem unter die ARME greift oder ob man ihm unter die Arme GREIFT. Wollen Sie den Angeklagten LAUFEN lassen oder lieber laufen LASSEN. Und es ist sicher nicht dasselbe, ob Sie NUR schmusen oder nur SCHMUSEN wollen. Ist Küssen vor der Ehe eigentlich kein PROBLEM oder nur EIGENTLICH kein Problem. Und nach einem Unfall hängt viel davon ab, ob der

Arzt die Verletzte erst mal ZU sich kommen lässt **oder ob er sie lieber** zu SICH kommen lässt oder möglicherweise hilft er ja auch erst, wenn er die Patientin zu sich KOMMEN lässt.

Manchmal sagt die falsche Betonung etwas, das ich gar nicht sagen will. In dem Satz SCHNELL war sie nie ist unsere Heldin deutlich energiegela-dener als in dem Satz Schnell war sie NIE. Wie betonte noch die Nach-wuchs-schauspiele-rin den berühmten Satz des Gretchen aus Goethes „Faust" so falsch: „Wenn ich nur wüsst, wer HEUT der Herr gewesen ist!"

Ohne Sprechzeichen werden Sie während der Lesung durcheinander geraten. Mit ein paar Betonungszeichen über den richtigen Silben können Sie sich das Vorlesen erleichtern.

Dabei ist es egal, ob Sie unterstreichen oder in Großbuchstaben schreiben oder ein Häkchen über die Silbe machen. Sie sollten das grafische Mittel nur nicht schon für etwas anderes verwenden. Und nehmen Sie einen Bleistift. Es ist nicht immer gesagt, dass man die richtige Betonung auf Anhieb erkennt.

39. Sehr oft gibt es den Tipp für die Schnellredner, mehr Pausen zu machen. Das Problem ist, dass sie jetzt die Pausen mitten im Gedanken machen Mia hatte sich als erstes Ziel – Paris ausgesucht. So eine Pause zerreißt den Gedanken und würde im täglichen Gespräch nie vorkommen. Das gilt auch, wenn da ein Komma steht. Hast du nicht Lust – mit mir essen zu gehen? Über eine solche Pause würde sich der Partner kaputt-lachen. Wenn also jemand zu

Die Pause - 1

schnell spricht, dann sollte er mehr Pausen zwischen den Gedanken machen.

Auch wenn Sätze mehrere Kommas enthalten, können sie aus einem einzigen Gedanken bestehen, müssen also durchgesprochen werden. Das gilt für Alles, was du willst, kannst du haben oder für Du, der Alleswisser, sollte sich nicht mit mir, die nicht so viel weiß, ständig anlegen. Zugegeben, der Satz ist etwas sperrig, aber beim Vorlesen sollte hier keine einzige Pause gemacht werden. Es ist ein einziger Gedanke, und der wird durchgesprochen.

Im Einzelfall kann es bei der Teilung eines Satzes in der Mitte zu ungewollten Pointen kommen. Max ging – mir auf die Nerven oder Gerd kämpfte – dieses Mal nicht sind Sätze, die den Hörer eher verwirren, weil seine Erwartung in eine andere Richtung ging. Diese Beispielsätze sind kurz, aber da sich im Deutschen oft erst im letzten Wort eines Satzes alles entscheidet, kommt in meinen Manuskripten relativ häufig ein Zeichen vor, das mir empfiehlt, keine Pause genau mitten im Satz zu machen.

Ausnahmen machen wir, wenn es zu Missverständnissen führt. Da  kann es wichtig sein, das Komma zu sprechen. Zeichensetzung kann Leben retten: Wir essen Opa oder Wir essen, Opa sind zwei verschiedene Dinge. Das kann auch für Sätze ohne Kommas gelten. Sehen Sie sich mal den folgenden Satz an: Marion fuhr nach dem Training mit ihm in die Stadt. Trainiert sie jetzt mit ihm und fährt anschließend allein in die Stadt oder trainiert sie alleine und fährt mit ihm in die Stadt? Oder fährt sie nach dem Training mit ihm auch mit ihm in die Stadt.

Eine kleine Pause an der richtigen Stelle macht den Zusammenhang ganz. klar. Eine solche kurze Pause nennt man Staupause.

40. Pausen an den falschen Stellen können Verwirrung auslösen. Sie sind aber auch ein wunderbares Stilmittel, Bewegungsabläufe anschaulicher zu machen.

Würden Sie in diesem Satz eine Pause machen: Er kletterte über den Zaun und er zerriss sich dabei die Hose. Das wäre möglich. Denn der Autor hätte auch nach Zaun einen Punkt oder ein Komma setzen können. Aber so einfach ist es nicht. Er kletterte ja nicht erst über den

Die Pause - 2

Zaun und zerriss sich dann die Hose, sondern beides passierte gleichzeitig. Deswegen würden wohl die meisten Autoren das zweite er weglassen und aus den zwei Gedanken einen Gedanken machen. Er kletterte über den Zaun und zerriss sich dabei die Hose. Das ist jetzt ein Satz, den man ganz ohne Pause durchsprechen sollte.

Bei dem Satz Er kletterte über den Zaun und stand plötzlich vor ihr können die beiden Handlungen nicht gleichzeitig erfolgt sein. Von daher sollte man hier zwei Gedanken lesen. Er kletterte über den Zaun. - Satzende nach unten gezogen. Pause. Dann: Und stand plötzlich vor ihr. Stören Sie sich nicht daran, dass dieses zweite grammatikalische Gebilde kein vollständiger Satz ist. Wir sprechen im Alltag nicht immer in vollständigen Sätzen. Das brauchen Sie auch bei einer Lesung nicht zu tun. Es ist ein vollständiger Gedanke, und das genügt.

Wenn Sie die Vorstellung haben, dass er in dem Augenblick vor ihr steht, an dem er den zweiten Fuß über den Zaun setzt, können Sie auch ein Komma sprechen, und damit die beiden Gedanken

viel dichter zueinander holen. Er kletterte über den Zaun – Stimme wird raufgezogen, kurze Pause – und stand plötzlich vor ihr.

Sie müssen sich also entscheiden, wie Sie sich die Abfolge der Handlungen vorstellen, um sie bildhaft machen zu können. Es ist ein Unterschied zwischen Er trat auf sie zu und drehte ihr den Arm um wenn Sie den Satz durchsprechen (gleichzeitig: mit dem Schritt nach vorne dreht er den Arm um) oder Er trat auf sie zu. – Und drehte ihr den Arm um. Jetzt kommt er erst ran, schaut sie böse an und dreht ihr dann genüsslich den Arm um. Wenn Sie die Einteilung richtig hinbekommen, sieht Ihr Publikum die Szene bildlich vor sich.

41. Was wir über das Lesen und Vortragen von Texten wissen, stammt in der Regel aus dem Deutschunterricht der 10. und 11. Klasse. Bei einem Komma sollten wir die Stimmführung anheben, bei einem Punkt nach unten ziehen. Keine Ahnung, wo Deutschlehrer das herhaben – unserer Alltagssprache kann das nicht abgelauscht sein.

Kommas sind entstanden, weil die Mönche beim Abschreiben der Bibeln Sprechzeichen in die Texte gemacht haben, damit wir leichter lesen und damit besser verstehen können.

Das Komma

Bei dem Satz Er schrie sie ist gemein kann mir ein Komma helfen, zu verstehen, wer denn hier schreit. Ist es er (Er schrie, sie ist gemein)? Oder ist es sie (Er, schrie sie, ist gemein)?

Das Komma gibt mir aber keine Anweisung, wie der Satz zu sprechen ist. Die meisten Kommas werden nicht gesprochen, aber es gibt grundsätzlich vier verschiedene Möglichkeiten:

1. In dem Satz Er fragte mich, und dann schwieg er entscheide ich mich vielleicht, das Komma wie einen Punkt mit Pause zu sprechen Er fragte mich. Und dann schwieg er.

2. **Bei Einschüben wiederum mache ich davor und danach wohl nur kurze Pausen** Während seiner Kindheit, und daran dachte er jetzt, war er nie glücklich gewesen.

3. **Die Sätze** Sieh, was du gemacht hast! **oder** Er wusste nicht, ob er sich freuen sollte. **werden ohne Pause durchgesprochen. Einfach aus dem Grund, weil wir in einer privaten Unterhaltung bei diesen Kommas auch keine Pause machen würden.**

4. **Manchmal kann man beim Komma auch die Stimme wirklich nach oben ziehen:** Ich will dich nicht nur heute glücklich machen, sondern ein ganzes Leben. **In diesem Fall handelt es sich um einen Gegensatz, und da kann ich den**  **Satz durchsprechen, den Gegensatz aber auch mit einer Pause verstärken. Dasselbe gilt für sehr lange Sätze, die dann einfacher zu lesen sind.**

Nur: Feste Regeln gibt es leider nicht. Jeder Satz und damit jeder Sachverhalt ist anders. Es sollte nur immer wie gesprochen klingen. Und in der mündlichen Sprache gibt es nun mal keine Kommas.

42. Der Relativsatz gehört immer zum Substantiv, hinter dem er steht, und ist so etwas wie ein nachgeschobenes Adjektiv. Das Subjekt heißt Das Buch das ich gelesen habe oder Die Karte die ich gekauft habe, dann sage ich, was damit ist.

Aber auch beim zweiten Komma mache ich keine Pause. Oder sagen Sie im Alltag: Bring bitte die Skischuhe die noch im Wohnzimmer stehen – in den Keller. Nein, das ist ein Gedanke, und der wird ohne Pause durchgesprochen: Bring bitte die Skischuhe die noch im Wohnzimmer stehen in den Keller.

Einzige Ausnahme: Sollte der Satz so lang sein, dass Sie ihn nicht in einem

Der Relativsatz

Atem durchsprechen können, dann machen Sie zwischen dem Satzgegenstand und dem, was dieser jetzt macht, eine kurze Pause. Diese selbstbewusste Frau die nebenbei noch Vorstandsmitglied bei verschiedenen Firmen und ehrenamtliche Vorsitzende des Vereins zur Förderung der Gleichberechtigung in der Elektroindustrie war – wirkte mit einem Mal unsicher. Hier brauchte wohl auch der Profi eine Pause, um zu atmen. Ich halte es nicht für sinnvoll, Zeit damit zu verbringen, das zu üben.

Sollte sich aus der Pause ein Effekt ergeben, der Ihnen zu einer bestimmten Wirkung verhilft, dann dürfen Sie natürlich wieder machen, was Sie wollen.

Solange Sie eine Begründung für die Pause haben, solange sie etwas erzählt, ist sie berechtigt: Das Haus das ich seit meiner Kindheit so innig liebte – war einfach weg. Wenn Sie mir durch diese Pause von ihrer Verblüffung erzählen wollen, so ist die Pause eine gute Möglichkeit, dem Publikum diese Verblüffung für alle klarzumachen.

Pausieren Sie hier entgegen jeder Regel. Auch wenn Ihre Hauptfigur als Hobby-Mafioso bedrohlich herauspresst Das Geld - das du versprochen hast – ist nicht da dürfen Sie wieder alles „falsch" machen. Der würde das wohl genau so sagen. Das Gleiche gilt, wenn jemand zum Beispiel außer Atem ist.

Die, die die, die die Ritter spielen, erkannt haben, sollen sich melden.

Oder Ihre Figur ist eine Karikatur und soll all die Fehler machen, die schlechte Moderatoren oder Redner auch machen. Dann ist sowieso alles erlaubt.

43.

Bei Hörbüchern ist es manchmal ein richtiges Ärgernis: Der Rezitator macht vor jedem sagte er oder behauptete sie oder entfuhr es ihm eine kurze Pause. Stark dialogische Texte können sich so endlos hinziehen und einem das Zuhören verleiden.

Das haben wir damals im Deutschunterricht so gelernt: Der Text wurde mit verteilten Rollen gelesen und neben den Schü-

Wörtliche Rede

lern, die für die Rollen „besetzt" wurden, hatte einer den Erzähler zu sprechen, der für alle sagte er/sie zuständig war.

Keine Ahnung, warum das im Unterricht so gemacht wird. So redet niemand. Stellen Sie sich vor, jemand erzählt Ihnen einen Dialog: „Was machst du da?" (Pause) sagt er zu mir. – „Wieso?" (Pause) frage ich zurück. „Das ist mein Stuhl!" (Pause) sage ich dann. Nein, wir machen an diesen Stellen im Alltag keine Pausen. Was machst du da? sagt er zu mir – Wieso? frage ich zurück. – Das ist mein Stuhl! sage ich dann. Nur weil Anführungsstriche im Text stehen und manchmal zusätzlich noch ein Punkt, Fragezeichen oder Ausrufezeichen (was grammatikalisch in den meisten Fällen absolut richtig ist), muss ich trotzdem keine Pause machen. Es handelt sich bei jedem dieser Sätze um einen ganzen Gedanken, und der sollte nicht getrennt werden.

Und wenn ich die wörtliche Rede mit einem Unterton unterlege, dann halte ich den Unterton bis zum Ende des Gedankens durch. Bei dem Satz „Verdammt!" sagte er und hieb mit der Handkante auf die Tischplatte, dass die Bierkrüge wackelten spreche ich den Satz bis zum wackelten noch mit dem wütenden Unterton von Verdammt durch.

Davon gibt es auch Ausnahmen. Wird die wörtliche Rede im Dialekt vorgetragen oder mit stark verstellter Stimme, so ändern Sie besser den Ton ab sagte. Aber eine große Pause schlage ich immer noch nicht vor.

Nur wenn der Satz so lang wäre, dass Sie ihn ohnehin nicht in einem Atemzug durchsprechen können, machen Sie die Pause am besten nach der wörtlichen Rede.

Steht die wörtliche Rede am Ende des Satzes, haben Sie beide Möglichkeiten: Er sagte: (Pause) „Halt! " oder Er sagte Halt. Mit Pause hat das Halt mehr Bedeutung und wird wichtiger.

44.

Also wenn die Anführungs- zeichen eine wörtliche Rede ein- leiten, ist es einfach: Sprechen Sie die Anführungszeichen einfach nicht. Das ma- chen wir beim privaten Erzäh- len auch nicht. Aber Anfüh- rungsstriche

Anführungs- zeichen

werden noch weit häufiger eingesetzt. Zum Beispiel, um ein Wort zu ironisieren. Sie hielt das für „Zuneigung" oder Das Bild war „irgend- wie hübsch" oder es gab einfach nur „Land- schaft". In allen drei Fällen kann eine kleine Staupause vor und nach dem Wort dafür sor- gen, dass das Publikum versteht, was gemeint ist. Je größer die Pause, desto mehr deutet die Sprecherin an, wie sehr sie vom Gegenteil überzeugt ist.

Genauso machen wir das, wenn wir ein Zitat kennzeichnen wollen: Er nannte sie „erschre ckend planlos" oder Der Minister wollte alles „vorbehaltlos" aufklären. Kurze Pause vor und vielleicht sogar nach dem Wort und es ist klar, dass das wörtlich so gesagt wurde.

Bei kurzen Titeln, Namen oder Schildern, die sehr bekannt sind, würden dagegen Pausen den Redefluss eher stören. In den Sätzen Neben dem „Betreten verboten"-Schild lag eine

Leiche **oder** Sie guckte „Star Wars" lieber allein **oder** Wieder hatte er „Probieren geht über Studieren" gesagt wirkt eine Pause unnatürlich, weil wir sie im Alltag auch nicht machen würden.

Es sei denn, es könnte zu Verwechslungen kommen. Er nahm „Verwandte und andere Idioten" mit in den Urlaub. Egal ob das ein Film oder ein Buch ist, ohne Pausen wird das missverständlich. **Also** entweder Pausen oder Sie fügen ein: Er nahm das Buch **(oder den Film)** „Verwandte und andere Idioten" mit in den Urlaub. **Jetzt ist es beim** Vorlesen deutlich einfacher zu verstehen.

Denken Sie immer daran, dass Satzzeichen Hinweise auf das Verständnis, aber keine Leseanweisungen sind.

Ein Bühnentechniker eines Tourneetheaterunternehmens rief mal völlig verzweifelt im Betriebsüro an, warum er das Bühnenbild für das Theaterstück von Gerhart Hauptmann unbedingt vor Sonnenaufgang aufbauen müsse. „Vor Sonnenaufgang" in seiner Regieanweisung war in dem Fall der Titel des Stückes. Anführungsstriche sind also manchmal sehr sinnvoll.

45.

Viele Autoren – um mit einer Pauschalaussage zu beginnen – lieben sie: die Parenthesen. Damit kann man Gedanken so herrlich ausbauen und simulieren, dass den Helden die Ideen nur so überfallen. Egal, wie Sie über dieses Stilmittel denken, sehen wir uns an, wie man es lesen würde.

In Moderationstexten würde ich Parenthesen grundsätzlich streichen bzw. ans Ende des

Die Parenthese

Satzes packen. Viele Autoren lieben Parenthesen – um mit einer Pauschalaussage zu beginnen. Das liest sich einfacher und man versteht es besser. Aber der Autor sind Sie.

Der Gärtner – nun wieder Herr seiner Kräfte – schlug zu. Dass Sie hier an den beiden Bindestrichen eine Pause machen, versteht sich von selbst. Aber Sie können noch mehr tun. Sie könnten mit der Stimmlage arbeiten und die Parenthese ein wenig leiser und verhaltener sprechen, um dann mit aller Kraft zuzuschlagen. (groß, voll Spannung) Der Gärtner – (übrigens) nun wieder Herr seiner Kräfte – (wieder groß) schlug zu. Die Trennung der zwei Gedanken wäre leichter zu verstehen. Achten Sie nur darauf, dass Sie im zweiten Teil des Hauptsatzes unbedingt den Ton des ersten

Teiles wieder aufgreifen. Drei verschiedene Töne wären deutlich zu viel.

Aber Sie können den Einschub auch stärker und kräftiger sprechen als den ihn umgebenden Satz. Dann wäre die Tatsache, dass er wieder Herr seiner Kräfte ist, ein lang ersehnter Wunsch des Gärtners. Auch hier führen Sie aber den Ton des ersten Teiles nach dem Einschub im zweiten Teil weiter.

Sie können den Einschub auch schneller sprechen. Anders als geplant – (schnell) sie kamen ja aus allen Richtungen – ging er ins Haus. Oder langsamer Auf dem Markt – (typisch) wie immer um diese Tageszeit – herrschte hektisches Trei-Treiben.

Parenthese

= Einschub

= Zwischensatz

= Zwischenbemerkung

Dasselbe geht mit laut und leise und mit unterschiedlichen Untertönen, wie gelangweilt und gestresst, kraftvoll und müde oder unentschlossen und fokussiert. Das sage ich dir –diesmal ohne jede Drohung – jetzt zum letzten Mal. Sie helfen den Zuhörenden den Gedanken weiter zu führen, wenn sie die beiden Satzteile deutlich unterscheiden können. Auch im Alltag, wo uns der Gedanke, den wir einschieben, überfällt, sprechen wir ihn anders.

46. Aus der Sicht von jemandem, der sich mit dem Lesen von Texten beschäftigt, ist die Klammer eines der geheimnisvollsten Zeichen. Denn im Schriftlichen (das nur nebenbei) bedeutet sie eigentlich, dass die Wörter in der Klammer nicht direkt zum Text gehören, weil

Die Klammer

es sich um Regieanweisungen handelt oder weil die Autorin die Erzählebene verlässt und sich an den Leser wendet. Ich könnte auf einer Lesung also alles in Klammern einfach weglassen. Aber wenn in der Klammer eine wichtige Information oder Pointe steckt? Wäre es nicht falsch, dem Publikum Zeichen im Text zu unterschlagen. Schließlich hat die Autorin den Text in der Klammer geschrieben, möchte also, dass der Leser ihn erfährt?

Normalerweise wird an der Stelle der Klammern eine kurze Staupause gemacht, wie ich das in der letzten Folge zur Parenthese schon erklärt habe. Der Text in der Klammer ist ein **Einschub.** Er stellte sich ihr **Pause** (diesmal mit voller Absicht) **Pause** in den Weg. **Das kann aber nervig sein:** Julius (18) meldet sich **oder** Gudrun (Berlin) gewann. **Einfacher liest es sich, wenn man das für die Lesung auflöst. Dann ist es** der 18jährige Julius **und** die Gudrun aus

Berlin. **Dasselbe gilt für** Der Abgeordnete Wolf (CDU) sagte... **Hier hieße es dann** Der Abgeordnete Wolf von der CDU sagte... **Das liest sich flüssiger und ist leichter zu verstehen.**

Bei Er willigte (notgedrungen) ein **ist mein Vorschlag, die Klammer nicht zu lesen und so zu tun, als gäbe es die Klammer nicht. Die zweite Möglichkeit besteht darin, das Wort** notgedrungen **komplett wegzulassen, aber dem ganzen Satz den Unterton von** Was soll ich machen? **zu geben.**

Auch wenn sich der Einschub an den Leser wendet, könnten Sie den Einschub über den Unterton erzählen. Ute (und das haben Sie sicher schon geahnt) war sauer.

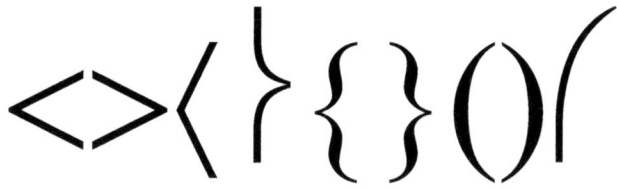

Sehr oft ist eine Klammer auch eine Art Regieanweisung des Autors, der uns ein paar Zusatzinformationen gibt. Kathie (diesmal sehr gereizt) schrie: „Du Idiot!" **oder** Hast du (räuspert sich) an Udo gedacht? **Hier könnten Sie einfach machen, was in der Regieanweisung steht und die Anweisung selbst nicht sprechen. Ein Text fürs Hören kann anders aussehen als ein Text fürs Lesen.**

47. Mit „Titel" sind in diesem Falle keine Buchtitel gemeint, sondern Titel von Personen oder Namen von Organisationen, die auch schon mal länger sein können.

Der Verband zur Entschädigung zu Unrecht verfolgter Autoren **darf beim Lesen nicht durch Pausen nach** Verband **oder nach** Entschädigung **oder nach** Unrecht **unterbrochen werden. Da**

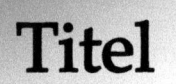

wir einen Teil eines Satzes nicht ohne Betonung sprechen können, entständen neue ungewollte Betonungen, in diesem Beispiel gleich bis zu vier: VERBAND zur ENTSCHÄDIGUNG zu UNRECHT verfolgter AUTOREN. **Aber es gilt: Ein Verband - eine Betonung. Und die liegt hier auf** AUTOREN.

Also: Verband zur Entschädigung zu Unrecht verfolgter AUTOREN. **Wenn man ein bisschen übt, geht das ganz flüssig, aber es ist nicht einfach zu lesen. Ohne ein deutliches Sprechzeichen zu Beginn, dass jetzt eine etwas längere Einheit kommt, werden Sie das schwer hinbekommen.**

Der Landesvorsitzende der Arbeiterpartei "die Orangen" in Südhessen Raimund LEUKER **oder der** Ehrenpräsident des Vereins zur Rettung der Zwergkaninchen Hubert HASE **oder** die Frauenbeauftragte im Bundesministerium für unaufschiebbare Angelegenheiten Miriam MAI, **sie alle**

bekommen nur eine Betonung, in diesem Fall auf dem Nachnamen.

Sonst kann es sogar zu Verwechslungen kommen. Es kamen: Der VORSITZENDE, Franz KESCHKES und Toni HUBER. Hier sind es drei Teilnehmer.

Es kamen: Der Vorsitzende Franz KESCHKES und Toni HUBER. Jetzt sind es nur zwei Betonungen, also auch nur zwei Teilnehmer.

Lange Titel kommen in Radio- oder Fernsehnachrichten natürlich deutlich häufiger vor als in belletristischen Texten, aber ich weiß ja nicht, was der Protagonist Ihres Romans so alles macht.

Dasselbe gilt auch für längere Partizipialkonstruktionen (die Sie ja auch eigentlich gar nicht verwenden).

Prof. Dr. Dr. h.c. mult.

Graf von und zu

Großartig ...

Aber egal ob der seit langem erwartete AUTOR oder die schon vor Jahren in einigen Teilen Bayerns durchgeführte UNTERSUCHUNG oder "Das ist deine übliche Samstagabend-will-ich-aber-nicht-FAULHEIT".

Für einen Begriff immer nur ein betontes Wort, bzw. eine betonte Silbe, und deswegen auch keine Pausen, egal wie lang der Begriff jeweils ist.

48.

Je anspruchsvoller ein Text ist, das heißt, je mehr Nebensätze, Einschübe, Verschachtelungen und komplizierte Satzkonstruktionen er enthält, desto mehr Kommas wird der Autor setzen müssen, damit man sich innerhalb der Konstruktion zurechtfindet.

Beim Vorlesen ist es umgekehrt. Hier muss die Anzahl der Pausen reduziert werden und die Rezitatorin muss den Zusammenhang zwischen den Satzteilen herstellen.

Als Beispiel dient hier der erste Satz aus der „Anekdote aus dem letzten preußischen

Literarische Texte

Kriege" von Heinrich v. Kleist (aus: Das Erdbeben in Chili - Erzählungen und Prosastücke, München 1961).

Machen Sie mal bei jedem Komma eine Pause und ziehen die Melodie nach oben: In einem bei Jena liegenden Dorf / erzählte mir / auf einer Reise nach Frankfurt / der Gastwirt / dass sich mehrere Stunden nach der Schlacht / um die Zeit / da das Dorf schon ganz von der Armee des Prinzen von Hohenlohe verlassen und von Franzosen / die es für besetzt gehalten / umringt gewesen wäre / ein einzelner preußischer Reiter darin gezeigt hätte; **Hier sind wir erst beim Semikolon,**

Heinrich von Kleist
Erzählungen
Studienausgabe

Pausen aber ich glaube, als abschreckendes Beispiel genügt das.

Wenn Sie den Satz richtig vorlesen wollen, dann sollten Sie schon ein bisschen Übung im Vorlesen haben. Fragen Sie sich einfach, wieweit jeweils der Gedanke geht. Nach Gastwirt können Sie eine kurze Pause machen und die Satzmelodie nach oben ziehen, als Zeichen, dass jetzt noch etwas kommt. Wäre das, was der Gastwirt erzählt, deutlich kürzer, wäre hier keine Pause nötig. Nach Schlacht kommt jetzt eine Pause für den Einschub (um die Zeit da das Dorf schon ganz von der Armee des Prinzen von Hohenlohe verlassen und von Franzosen die es für besetzt gehalten umringt gewesen wäre). Der Einschub ist ziemlich lang, aber vom Profi erwarte ich, dass er das ohne Pause schafft. Dafür können Sie sich dann bei dem einzelnen, preußischen Reiter so richtig Zeit lassen.

Je literarischer, je künstlerischer Ihr Text ist, desto aufwendiger wird die Lesevorbereitung, aber desto größer sind die künstlerischen Möglichkeiten.

49. Der Unterschied zwischen einem gut gelesenen Dialog und einem schlecht gelesenen ist einfach: Ein guter Rezitator sagt nicht nur jeweils einen Satz, sondern er sagt mit dem Satz immer noch etwas anderes. Paul Watzlawick, der große Kommunikationsforscher, nennt das die Sach- und die Beziehungsebene. Im Alltag würden wir keinen Satz ohne eine zweite Botschaft sagen. Wenn wir unseren Partner fragen: Wollen wir nicht ins Kino gehen?, dann enthält der Satz ganz sicher auch noch eine zweite Botschaft. Zum Beispiel Mir fällt nichts Besseres ein! oder Wäre das nicht eine tolle Idee? oder Da ist es schön dunkel. Man kann den zweiten Satz natürlich auch gleich schreiben, also z.B. Wollen wir nicht ins Kino gehen? Das heitert dich ein bisschen auf. Aber das Problem ist, dass ich jetzt zwei Sätze habe, die ja wieder einen Unterton brauchen. Denn Das heitert dich ein bisschen auf. kann ich ja auch sagen wie Sonst weiß ich keinen Rat mehr oder Lass dich nicht so hängen! oder Dann wirst du so schön handgreiflich.

Der Unterton bei wörtlicher Rede

Zehn Sätze sollten also mindestens zehn Untertöne haben. In unseren täglichen Gesprächen geben wir jedem Gedanken einen eigenen Unterton. Deswegen hören sich frei erzählte Gespräche immer so an, als „tanzten" die Sätze. Sobald ich drei Sätze wütend sage oder melancholisch oder zickig, wirkt es geleiert, weil so niemand redet. Allein um beispielsweise Wut auszudrücken, gibt es unendlich viele Möglichkeiten.

Ein gutes Beispiel ist die Fernsehwerbung. (Im Gegensatz zum Radio, wo oft alles auf einem Ton gebrüllt wird). Hier hat eine Dialogregisseurin daran gearbeitet, dass jeder einzelne Satz anders klingt. Da kann man vom Zuhören eine Menge lernen.

Lass uns ins Kino gehen!

Lass uns ins Kino gehen!

Lass uns ins Kino gehen!

Lass uns ins Kino gehen!

LASS UNS INS KINO GEHEN!

Lass uns ins Kino gehen!

Also: (Das ist doch keine Arbeit!) Fügen Sie in Ihr Manuskript in Klammern kleine Hinweise ein. (Sie werden sehen, wie leicht das ist.) So wissen Sie sofort, wie Sie den Satz lesen wollten. (Ich garantiere es Ihnen) Ihre Lesung wird packender und echter.

Sie werden sich schnell an diese Untertöne gewöhnen.

50.

Bei den meisten Sätzen muss ich als Rezitator nach einem Unterton nicht lange suchen. Ob Vor lauter Wut hätte er ihn gerne geohrfeigt **bis zu** Sie streichelte den Sand und hörte den sanften Wellen zu, **die Untertöne für die Sätze sind völlig klar.**

Auch bei wörtlicher Rede weiß der Sprecher, der den Zusammenhang kennt, ob Räumst du bitte das Glas weg! wütend oder lieb gemeint ist.

Vorsätze

Aber was ist mit Sätzen, die Sachverhalte beschreiben und nicht eindeutig einer Stimmung zuzuordnen sind? Ohne Untertöne können solche Passagen ziemlich langweilig und geleiert klingen: Die Bäume hängen voller Birnen. Und Kinder lassen Drachen steigen. Der Herbst ist da. **Andererseits kann man die Sätze weder wütend noch begeistert noch skeptisch sprechen.**

Am besten arbeitet man hier mit „Vorsätzen", also einem gedachten Einleitungssatz, der den **Gedanken des Satzes beschreibt, wie** Stellen Sie sich vor **oder** Ich habe es ja immer gewusst **oder** Es ist zum Verzweifeln. **Unsere drei Sätze mit Vorsätzen könnten also so aussehen:** (Es macht mich ganz melancholisch) Die Bäume hängen voller Birnen. (Sieh mal da hinten) Und Kinder lassen Drachen steigen. (Es ist wirklich wahr) Der Herbst ist da.

Drei Sätze – drei Untertöne. Dabei werden die Vorsätze nur gedacht, aber nicht gesprochen. Genauso wie wir das bei einer Erzählung unter Freunden auch tun würden. Wobei die Töne nur Vorschläge sind. (Das glaubst du nicht) Die Bäume hängen voller Birnen. (Nicht zu fassen diese Gören) Und die Kinder lassen Drachen steigen. (Das eine sage ich Dir) Der Herbst ist da.

Welche Vorsätze, das ist allein Sache des Autors oder Rezitators. Wichtig ist nur, dass sich der Ton des Vorsatzes auf den gesprochenen Satz überträgt, damit jeder Satz wirkt, als sei er ein Gedanke, der in dem Moment entsteht, indem er dann vorgelesen wird.

(Im Vertrauen...)

(Zum Mitschreiben...)

(Das Beste ist...)

(Ich weiß nicht...)

(Hurra...)

(Na ja...)

Solche Vorsätze gibt es fast so viele wie es Sätze gibt, und so sollte auch die Gestaltung von längeren beschreibenden Passagen kein Problem sein.

Allerdings muss man die Vorsätze auch in den Text für die Lesung eintragen. Und das macht ein bisschen Arbeit.

51.

Gute Rezitatorinnen geben jedem Satz einen Unterton, der die Stimmung unterstreicht, in der sich der Protagonist gerade befindet. Und das nicht nur bei wörtlicher Rede. Dem Satz Die junge Frau mit dem Regenmantel sah fürchterlich aus sollte ich am besten anhören, wie entsetzlich ihr Anblick war. Und bei Das Perlenarmband war wunderschön sollte ich es vor meinem geistigen Auge in allen Farben funkeln sehen.

Bei Lesungen haben wir es aber oft mit Autorinnen oder Autoren zu tun, die diese Stimmung nicht dem ganzen Gedanken oder Satz unterlegen, sondern einem einzelnen Wort.

Wortmalerei

Und das klingt dann so: Die Frau mit dem Regenmantel sah fffürrrrchterrrrrlich aus. Das wirkt meist unfreiwillig komisch. Dass die Frau fürchterlich aussah, weiß der Verfasser vor dem Satz (deswegen schreibt er ihn) und sagt nicht ein paar Worte, und mitten im Satz fällt ihm dann direkt vor dem Wort fürchterlich ein, was er eigentlich sagen wollte. Der Ton von fürchterlich gehört also nicht zu einem Wort, sondern zum ganzen Satz. Er beginnt in unserem Falle schon mit den ersten Worten Die junge Frau... Und das Armband fängt nicht erst bei wunderschön an zu glänzen, sondern vom Beginn des Satzes an. Das gilt, egal wie lang der Gedanke ist. Bei Was er zu ihm gesagt hatte, auch wenn er es nicht wirklich so meinte, war kompletter Blödsinn muss ich mit dem Ton, dass es Blödsinn war, bei Was er schon beginnen.

Auch schlechte Schlagersänger lieben das Malen einzelner Wörter (Das wiiiinzige Haus in den hooohen Bergen liegt am wuunderschöönen See). Das kommt uns verlogen vor. Achten Sie mal darauf, wann im Alltag einzelne Wörter gemalt werden. Es handelt sich dabei fast immer um eine  Lüge (Dein Essen war auusgeeezeiiichnet!). Wenn Sie genau hinhören, dann können Sie erkennen, ob die Begeisterung für Ihr Geburtstagsgeschenk echt ist oder nicht.

Gestalten Sie ganze Sätze, unterlegen Sie bei jedem Satz einen Gedanken, eine Stimmung, ein Gefühl, aber malen Sie nicht einzelne Wörter bunt aus.

52. Oft ist der Satz dasselbe wie der Gedanke. Ute freute sich auf das Fest. Oder es ist ein Satz mit mehreren Gedanken. Ute freute sich auf das Fest, aber nervös war sie trotzdem.

Da kann sich jetzt die Rezitatorin oder der Rezitator entscheiden, ob sie oder er daraus zwei Gedanken machen und nach Fest die Melodie nach oben zieht, um zu erzählen, dass noch etwas Wichtiges kommt. Oder ob sie den ersten Teil des Satzes mit einem Punkt beenden, um zu zeigen, dass Freude und Nervosität zwei verschiedene Dinge sind.

Gedanke und Satz

Das Lesen eines Textes ist immer auch ein künstlerischer Akt und erlaubt Entscheidungen, wie Rezitierende den Text interpretieren wollen und nicht nur die Einteilung in richtig oder falsch.

Sehen Sie sich den Satz an: Und falls die Kinder doch mal stören, schicken wir sie zur Oma, in ihr Ferienhaus oder auf ihren Bauernhof. Wie viele Gedanken enthält er? Das hängt ganz davon ab, was Sie sagen wollen.

Zunächst mal können wir die einfachste Variante wählen und den Satz in einem Atem ohne jede Pause durchlesen.

Wir empfinden ihn als einen Gedanken. Dann können Sie den Satz in drei Gedanken einteilen und jeweils Punkte sprechen. Und falls die Kinder doch mal stören, schicken wir sie zur Oma. In ihr Ferienhaus. Oder auf ihren Bauernhof. Damit sind die Möglichkeiten aber noch nicht ausgeschöpft. Da es klar ist, dass die Kinder ins Ferienhaus wollen, wenn es zur Oma geht, können Sie zwei Gedanken draus

machen. Und falls die Kinder doch mal stören, schicken wir sie zur Oma in ihr Ferienhaus. Und jetzt fällt Ihnen ein, dass das nicht immer klappt und fügen hinzu: Oder auf ihren Bauernhof.

Wenn die beiden Möglichkeiten Ferienhaus oder Bauernhof gleichwertig sind, dann kann man ebenfalls zwei Gedanken sprechen, teilt nur anders ein. Und falls die Kinder doch mal stören, schicken wir sie zur Oma. Und erst jetzt fällt dem sprechenden Autor die Erklärung ein. In ihr Ferienhaus oder auf ihren Bauernhof.

Sie müssen sich nicht immer so viel Arbeit machen, aber Sie haben hier vier völlig verschiedene Möglichkeiten, Punkte zu setzen und damit die Aussage zu verändern. Das kann für das Verständnis entscheidend sein.

53.

Bevor es mit dem Vorlesen einer Szene oder eines Kapitels losgeht: Entscheiden Sie sich, welche Stimmung Sie schaffen wollen, damit Sie diese während des vielen Gestaltens und Betonens im Auge behalten.

Manchmal liegt bei einer Lesung der Reiz im Entstehen einer bestimmten Atmosphäre. Damit sich diese jetzt auf das Auditorium überträgt, dürfen Sie es nicht dauernd wieder herausreißen.

Das gilt nicht nur für die Beschreibung eines Sommertages in Frankreich. Auch das konzentrierte Zusammenbauen des Gewehrs durch den Auftragskiller oder das liebevolle Herstellen eines Gemüseauflaufs sind Situationen, bei denen Vorlesende in der Stimmung wenig variieren dürfen,

Die Atmosphäre

damit sich das Gefühl für die Situation beim Publikum einstellt. Das heißt nicht, dass Sie jeden Satz ähnlich sprechen sollen, aber: Eine Wespe dringt langsam in das entscheidende Gespräch ein, und die Tatsache, dass keine Butter mehr im Kühlschrank ist, ist vielleicht seltsam oder verrückt, aber verursacht keinen Schrecken.

Wenn also während der heißen Sexszene das Telefon schrillt, und die Liebenden bemerken es kaum, lesen Sie das Schrillen des Telefons fast so, als hätte einer den anderen auf besondere Art berührt. So bleiben alle, die zuhören, in der Situation. Wenn Sie das Telefon trocken und hart mit einem anderen Unterton mitten in der Szene schrillen las-

sen, „gießen Sie Wasser" über die beiden. Das sollte beabsichtigt sein.

In den meisten Romanen wird die Stimmung über kurz oder lang durch etwas Unerwartetes zerstört, aber das kann manchmal dauern. Lesende müssen ihrem Publikum Zeit geben anzukommen. Entsprechend ordnet es alles dieser Grundstimmung unter.

Ganz anders, wenn Sie eine hektische, aufgeregte Stimmung erzeugen wollen, zum Beispiel bei einer Verfolgungsjagd oder auf einem Kindergeburtstag. Hier sind die schnellen Wechsel in Sprechweise, Lautstärke und Geschwindigkeit genau das, was die Spannung und die Attraktivität der Szene ausmacht.

54. Sicher sind nicht alle Lyrik-Lesungen gleich, aber oft versucht die Autorin, die Stimmung ihrer Gedichte durch die Dekoration oder Räucherstäbchen in der passenden Duftnote zu verstärken. Das gilt dann auch für die Vortragsweise. Wenn der Wald also stillsteht und schweiget, wird das flüsternd mit großer Ehr-

Grundstimmung

furcht gesprochen, und wenn die goldenen Sternlein prangen kennt die ehrfürchtige Begeisterung keine Grenzen mehr.

Solche Abende sind unerträglich. Dabei ist das Anliegen der Vortragenden ehrenwert: sie möchte beim Zuhörer eine Stimmung erzeugen. Und doch erreicht sie meist das Gegenteil. Der Zuhörer ärgert sich.

Warum tut er das? Weil er keine Wahl hat. Stellen Sie sich vor, Sie sitzen im Sonnenuntergang neben jemandem, der ununterbrochen schwärmt, wie schön es hier ist.

Mindestens ihr zweiter Impuls ist, zu widersprechen oder sich zu ärgern. Sie würden gerne selbst entscheiden, wie Sie den Sonnenuntergang finden. Gerade Lyrik sollte so einfach wie möglich gesprochen werden, damit das Wort wirken KANN, aber nicht MUSS.

Die Struktur

Zuschauende wollen nicht zu einem bestimmten Gefühl gezwungen werden.

Das gilt für jedes Gefühl: Fernsehkommissare, die Nägel kauend dem Opfer zu Hilfe eilen, bringen mich nicht dazu mitzufiebern.

Wenn der Kommissar aber vorher noch was zu essen holt und seiner Frau per Telefon vermittelt, wie sehr er sie liebt, brülle ich den Fernseher an, sich jetzt bitte ein bisschen zu beeilen.

Auch eine Weihnachtsveranstaltung verliert enorm, wenn ich versuche die weihnachtliche Stimmung intensiv vorzuleben und alles mit salbungsvollen Worten zu untermalen, damit

nur jeder in Weihnachtsstimmung kommt.

Auch wenn Sie ein Gedicht zweimal lesen, tun Sie es nicht mit großer Geste, um die Wichtigkeit zu unterstreichen (denn dann findet der Hörer es gar nicht tiefgründig), sondern lesen Sie es einfach zweimal, in der Hoffnung, dass der Zuhörer die versteckte Wahrheit besser entdeckt. Wir wollen selbst entscheiden, was wir fühlen und was nicht, wenn wir das nicht dürfen, macht uns das ärgerlich.

55. Ein guter Autor lässt vor dem geistigen Auge der Lesenden Bilder einstehen. Ich liebe Autoren, die einen Weg gefunden haben, mir durch Worte eine Vorstellung von etwas zu machen, das ich wenig oder gar nicht kenne. Ohne Foto oder Leinwand entsteht bei mir ein lebendiges Bild, das mich in eine andere Zeit oder ein anderes Land entführt.

Die Bilder

Beim Vorlesen solcher Metaphern und Bilder muss ich allerdings aufpassen, besonders dann, wenn die Beschreibung länger wird.

Im Gegensatz zu einem Kochrezept, wo ich immer erst bis zum Punkt lese und dann mache, was ich gerade gelesen habe, geht das bei einem Bild, das ich im Kopf des Hörers entwerfen will, nicht mehr so gut.

Stellen Sie sich folgenden Text vor: Sie war müde. **Pause.** Doch da war ein leichter Schmerz. **Pause.** Er zog sich vom kleinen Zeh das Bein aufwärts. **Pause.** Der Oberschenkel war bereits taub. **Pause.** Die Schweißperlen liefen ihr die Stirn herunter. **Pause.** Und ihre Hand krampfte sich jetzt um den Revolver.

Wenn Sie da jedes Mal eine Pause machen, wo ich es hier angegeben habe, wird jeder Zuhörer wahnsinnig. Er muss das Bild in seinem

Kopf dauernd korrigieren. Immer wenn er glaubt zu wissen, wie es ihr geht, erklären Sie ihm, dass er ja im Unrecht ist. Eine solche Passage liest man möglichst in einem Rutsch durch. Das kann man in diesem Fall ruhig langsam tun, schließlich ist sie müde, aber ohne lange Pausen und vor allem möglichst ohne den Melodiebogen wieder nach unten zu ziehen. Ziehen Sie die Me-

lodie jedes Satzteiles besser nach oben, um zu zeigen, dass es noch weiter geht.

Auch wenn Sie beschreiben, wie Koriander schmeckt, die Leiche stank oder seine Haut sich anfühlte, sollten Sie in sehr großen Einheiten mit wenig Pausen lesen, damit sich das Bild möglichst schnell als Ganzes im Kopf des Zuhörers zusammensetzen kann.

Egal ob das Wetter oder eine Landschaft, ein Gericht oder eine Stimmung, egal ob Menschen oder ihre Gefühle: all das, was sich nicht in einem Satz ausdrücken lässt, aber unbedingt zusammengehört, muss ein Vorleser für das Publikum als eine gedankliche Einheit zusammenfassen, damit das Bild sich möglichst schnell aufbaut.

56.

Ein Text muss so laut vorgelesen werden, dass er mühelos zu verstehen ist. Wenn man mit dem Mikrofon arbeitet, ist aber leiser immer besser als laut. Niemand möchte angeschrien werden. Davon abgesehen, dass Sie damit ihre Stimme schonen und nach längeren Lesungen nicht völlig erledigt sind.

Darüber hinaus ist die Lautstärke eines der am einfachsten anzuwendenden Gestaltungsmittel beim Vorlesen: der Dieb flüstert, der Drache donnert. Aber dabei

Die Lautstärke

kommt es jetzt nicht darauf an, einen Text laut oder leise zu sprechen, sondern es geht darum, durch die Abwechslung von laut und leise bestimmte Effekte zu erzielen.

Er schrie herum und zündete sich schließlich erschöpft eine Zigarette an. **Der Satz bietet sich für einen Lautstärkewechsel an. (laut)** Er schrie herum. **(leise, verhalten)** und zündete sich schließlich erschöpft eine Zigarette an.

Am besten wirkt der Effekt, wenn Sie den ersten Teil lauter sprechen als normal, damit sich zum zweiten Teil des Satzes ein schöner Gegensatz ergibt.

Passen Sie aber auf, dass die Verschiebung der Lautstärke kein Selbstzweck wird. Wenn Sie mal laut und mal leise sprechen, nur um es interessanter klingen zu lassen (ich erlebe das in Lesungen oft und lese es genauso oft in Lehrbüchern als Tipp), nimmt das Publikum das übel. (laut) Hedwig war die ältere Schwester, (leise) während Margot nie für voll genommen wurde. Das klingt jetzt komisch, und zwar auch dann, wenn Sie Hedwig schon als Energiebündel und Margot als Trantüte eingeführt haben. Das könnte eine Person in ihrem Roman flüstern, weil Margot im Raum ist. Aber Sie als Autorin wechseln nicht mal einfach die Lautstärke, nur um den Text zu „gestalten".

 Dasselbe gilt für langsam und schnell. Auch hier kommt es auf die Abwechslung an und in einfachen Texten ergeben sich durch die beiden Gegensatzpaare eine Menge Möglichkeiten, einen längeren Text abwechslungsreich zu gestalten.

Achten Sie in der nächsten Fernsehwerbung mal darauf, wie jeder Satz anders klingt, damit das Ganze so klingt wie in einem alltäglichen Gespräch zwischen zwei Menschen. Auch da wechseln wir dauernd die Tonart.

57. Die meisten Kinder sind sehr genügsam, zumindest wenn ihnen vorgelesen wird. Egal ob gut oder schlecht, Hauptsache ist, dass überhaupt jemand vorliest. Die Bilder in den Köpfen der Kinder

Die Märchen- melodie

sind so schnell da und so stark, dass sie schlechtes Lesen einfach ausblenden. Dasselbe Phänomen haben wir bei Fans von Daily-Soaps, denen die schlechten schauspielerischen Leistungen der Darsteller auch nicht viel ausmachen.

Aber wenn in einem meiner Seminare eine Grundschullehrerin teilnimmt, dann erkenne ich die meist sofort an ihrem eigenartigen Singsang beim Lesen, den wir so gut von Stewardessen, Telefonistinnen und Jahrmarktverkäufern kennen. Wenn also der König und die Königin vor dem großen Schloss ankommen, wird dieser Satz mit einer stereotypen an- und absteigenden Melodiebewegung begleitet, für die es eigentlich keine Erklärung gibt.

Ich habe den Verdacht, es ist das Bemühen, nur ja nicht eintönig zu werden. Denn das steht seit dem ersten Rhetorikkurs unter

Höchststrafe. Außerdem ist diese Melodie immer gleich, der Vorleser muss also nicht wissen, worum es geht.

Ich behaupte, dass auch Kinder dieses Singen nicht mögen. Wenn sie denn die Wahl hätten. Das klingt nach Baby, nach Kleinkind, und die meisten wollen lieber groß sein. Warum wollen Kinder die Fernsehsendungen, die für sie bestimmt sind, oft nicht sehen? Weil der Moderator sie nicht ernst nimmt. Da werden Schnuten gezogen, große Bewegungen gemacht und die Sätze gesungen.

Nehmen Sie Kinder ernst. Und die Figuren in den Geschichten für Kinder auch. Egal ob es um Maikäfer, winzige Prinzessinnen oder Dinosaurier geht, es sind immer ganz ernsthafte Situationen, die einen klaren Subtext brau-

chen. **Wenn** König und Königin vor dem großen Schloss ankommen **und eine** Überraschung **erleben, dann unterlegen sie** Gleich geht es los. **Wenn anschließend alle jubeln unterlegen Sie** Es lebe das Königspaar! **Das klingt viel besser und macht die Geschichte spannender. Aber dazu müssen Sie die Geschichte natürlich vorher mindestens einmal gelesen haben.**

58.

Bei Titeln geben sich Autoren viel Mühe. Schließlich wollen sie Leser neugierig machen.

Wenn sie dann rezitieren, wird der Titel einfach nur genannt. Den Titel Liebe Leben Langeweile sprechen sie mit dem Ton von Das hätten wir schon mal oder So

Die Überschrift

heißt das Buch übrigens. Der Titel ist lästig und wird abgehakt. Damit geht aber die Chance verloren, den Hörer vorzubereiten.

Keiner wird einen Liebesroman Das dunkle Geheimnis nennen (es sei denn, die Titelseite ist ein rosa Herz) und einen Kriminalroman Liebe hat fünf Buchstaben (es sei denn, das i besteht aus einer Duellpistole). Der Autor möchte, dass der Hörer schon ahnt, was ihn erwartet.

Das gleiche gilt für eine Lesung. Wenn ich bei einem Gedicht ankündige, dass es von Robert Gernhardt ist, wird früher gelacht. Der Zuschauer will wissen, ob er lachen darf oder ob er zum Beispiel auf die Namen aufpassen muss, weil es kompliziert wird.

Auch wenn ich nichts erkläre, kann ich nur durch den Ton, mit dem ich die Überschrift vortrage, das Publikum einstimmen. Die Technik ist ganz einfach. Stellen wir uns vor, ein Buch hätte den Titel Das Mädchen mit den

Kulleraugen. Wenn das Buch ein heiterer Beziehungsroman ist, sprechen Sie laut den Satz Er hat sich tatsächlich verliebt, merken sich den Ton, mit dem Sie den Satz gesagt haben und sagen im gleichen Tonfall Das Mädchen mit den Kulleraugen.

Möglicherweise grinsen Sie dabei. Wir hören jetzt nicht genau, worum es geht, können aber Genre und Art der folgenden Szene erahnen.

Bei einem Abenteuerroman unterlegen Sie Die verrückteste Geschichte, die Sie je gehört haben! und schütteln vielleicht den Kopf. Bei einem Krimi unterlegen Sie todernst Die Frau war verdammt gefährlich. Das sind jetzt alles nur Vorschläge, jeder literarische Text ist anders.

Diese Untertöne können Sie auch der Überschrift Hamburg oder Entscheidung oder 5.Kapitel unterlegen, auch wenn die genaue Richtung hier weniger klar ist.

Danach eine kurze Pause, Sie sehen in die Runde, und jetzt lösen Sie das Versprechen ein, das Sie mit der Überschrift gemacht haben. Die Zuhörenden freuen sich, weil sie genau das erwartet haben.

59.

Jetzt kommt was für fortgeschrittene Vorleser. Es kann nämlich beim Vorlesen komplexer Handlungen reizvoll sein, bestimmte Bewegungsabläufe hörbar zu machen. Das machen Sie am besten vor allem mit einer Verschiebung der Geschwindigkeit.

Handlungen hörbar machen

Er nahm ihr Bild vorsichtig aus dem Portemonnaie, zerriss es mit einem Ruck und brach in Tränen aus. Hier ist es ganz klar, was schnell und was langsam sein muss. Das vorsichtig und das mit einem Ruck sind unmissverständlich. Wobei das Weinen langsam oder plötzlich kommen kann.

Manchmal ergibt sich die Geschwindigkeit aus der Art der Handlung. Er streichelte mit der Spitze der Pistole ihre Wange und bohrte das kalte Eisen anschließend in ihren Hals. Hier weiß man auch ohne Adverbien, was welche Geschwindigkeit verlangt.

Richtig spannend wird es, wenn mehrere Handlungen aufeinander folgen. Er schlug ihm ins Gesicht, Harry taumelte, hielt sich am Schrank fest und warf sich mit aller Kraft gegen die Tür.

Das können Sie alles eilig oder in Zeitlupe machen. Aber ein Wechsel ist immer spannender. Das Schlagen könnte schnell sein, das Taumeln langsam. Nochmal schnell wäre langweilig, deswegen könnten Sie weitere Gestaltungsmittel einsetzen. Das Festhalten am Schrank könnte mit zusammengebissenen Zähnen gesprochen werden, weil es so anstrengend ist. und das Werfen vor die Tür ist ein großer, wuchtiger Vorgang. Aber das Schlagen könnte zum Beispiel auch wuchtig sein, dann wäre das Taumeln schnell und nervös, das Festhalten klappt prima, aber

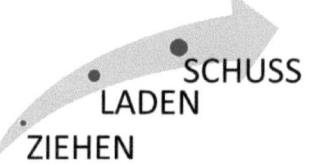

ist vielleicht atemlos und das Werfen gegen die Tür tut vor allen Dingen weh.

Bei Die Amsel entdeckte einen Regenwurm und fraß ihn auf, **habe ich vier Möglichkeiten:** Behäbige Amsel trifft zufällig auf Regenwurm und frisst ihn genüsslich. **Oder es passiert blitzschnell. Oder:** Lauernde Amsel stößt unerwartet zu. **Oder:** Amsel stößt plötzlich auf Regenwurm und es entsteht ein langer Kampf.

Aber Vorsicht: Er nahm die Torte langsam hoch, um sie ihm ins Gesicht zu klatschen. **Das sind keine zwei Handlungen, sondern ein einziger Gedanke und wird durchgesprochen.**

60.

Eine gute Autorin achtet darauf, dass in ihrem Roman nicht nur Philanthropen vorkommen oder sich alle ständig angiften. Nur ein Wechsel der Charaktere ergibt starke Szenen und damit einen starken Roman. Sechs Leute auf einer einsamen Insel sind im besten Fall völlig verschieden.

Verschiedene Charaktere

Die Rezitatorin muss noch weiter gehen. Auch wenn eine Figur ruhig und gelassen ist, kann sie doch mal mit ihrer Geduld am Ende sein und zum Beispiel anfangen zu schreien. Wenn diese Figur auf einen anderen Protagonisten trifft, der viel schreit, dann ergibt sich hier ein Problem. Zwei Menschen, die schreien, sind unerträglich. Zwei Menschen, die sich süffisant anlächeln, ebenso. Und zwei, die sich mit Witzen überbieten, lassen auch keinen interessanten Dialog entstehen.

Der Autor oder die Rezitatorin haben also dafür zu sorgen, dass ein Dialog dadurch spannend wird, dass sich beide Gesprächsteilnehmer in ganz unterschiedlichen Gefühlszuständen befinden. Und das (fast) unabhängig vom durchgängigen Charakter der Figur.

Die Struktur

Ein langsamer Kommissar (genüsslich lächelnd: Wo waren Sie gestern?) trifft am besten auf einen aufgeregten Zeugen (aufbrausend: Wo war ich gestern, wo war ich gestern?). Ein aufgeregter Kommissar (laut: Zum letzten Mal, wo waren Sie gestern?) trifft natürlich auf einen Melancholiker (müde lächelnd: Wo werde ich wohl gewesen sein?). So werden Szenen spannend.

Suchen Sie sich also in Dialogen für ihre Gesprächspartner möglichst zwei Gemütszustände, die für den Zuhörer gut zu unterscheiden sind. Auch wenn beide wütend sind, können Sie die kalte Wut (mit zusammenge-

bissenen Zähnen hervorwürgend: Du Mistkerl!) gegen die heiße Wut (schreit: Verrecken sollst du, Du Schwein!) absetzen. So ist immer klar ersichtlich, wer spricht. Und wenn Sie sich etwas mehr Mühe machen wollen, weil sie diese Textpassage öfter vor Publikum vorlesen, dann streichen sie in Ihrem Text alle sagte er und meinte sie. Wenn Sie beide unterschiedlich charakterisieren, brauchen wir das nicht mehr. Wir verstehen sofort, wer von beiden jetzt gerade spricht.

61.

Zwei Menschen im Dialog sollten also verschiedene Charaktere haben, damit die Szene spannender und interessanter wird.

Doch oft tut der Rezitator zu viel des Guten. Ein Mensch, der seitenlang gelangweilt oder

Der Statuswechsel

wütend ist, ist nicht auszuhalten. Im Alltag aber kann diese Wut sich sprachlich ganz unterschiedlich ausdrücken. Es stimmt nicht, dass wütende Menschen immer laut herumschreien.

Wenn man Ihr Leben verfilmen würde, dann würde man nur die Szenen verfilmen, in denen sich Ihre Stimmung ändert. Ein paar Minuten Geknutsche mit dem zukünftigen Partner würde niemanden interessieren. Der erste Kuss schon. Ihre Abiturfeier wäre nicht interessant. Der Moment, in dem Sie erfahren, dass Sie das Abitur bestanden haben, könnte ein großer Moment sein. Der entscheidende Gedanke ist besser als die Festnahme.

Man spricht hier von einem Statuswechsel. Ihr Status ändert sich, Ihre Gefühlslage wird eine andere, die Szene, der Tag, die Lebensphase bekommt einen Dreh, und es geht in einer anderen Richtung weiter.

Wenn Sie aus einer Szene das Letzte heraus-
holen wollen, dann nehmen Sie sich zum Beispiel einen Monolog und takten ihn in die verschiedenen Phasen. Je unterschiedlicher diese
Phasen sind, desto besser. Ich zeige Ihnen das
mal schematisch für eine ganz kurze Szene.

(wütend) Wo warst du gestern? Kannst Du Dir
vorstellen, wie demütigend das ist, allein vor dem

Restaurant zu ste-
hen? **Er sagt was.
Dann** (süffisant)
Aber das ist dem
Herrn ja egal. Da
steht er ja drüber.
Er sagt was. Dann
(weinerlich) Ich bin so dumm gewesen, mich auf
dich einzulassen. Ich habe es nicht besser verdient. **Er sagt was. Dann (drohend)** Aber eines
sage ich dir. Das war das letzte Mal...

Teilen Sie die Szene in die verschiedenen
Gefühlszustände, und Sie werden sehen, wieviel Spaß es macht, eine solche Szene vorzulesen, wenn Sie genau wissen, in welcher Stimmung jeder Teilnehmer dieses Dialoges in diesem Augenblick gerade ist.

Die Hauptsache ist, er ist nicht in einer Stimmung, in der bereits jemand anderer in dieser
Szene ist. Und das kriegen Sie jetzt auch noch
hin, wenn Sie das beim Schreiben noch gar
nicht beachtet haben...

62. Als ich das Buch „Der Schwarm" von Frank Schätzing als Hörbuch gehört habe, habe ich mich geärgert. Die Bösen sprachen alle wie man sich vorstellt, dass Böse sprechen. Sie fletschten die Zähne, hatten dunkle Stimmen, benutzten einen bedrohlichen Unterton und waren sofort an ihrer Art zu sprechen zu erkennen. Wenn es ein Film gewe-

Die Figuren ernst nehmen

sen wäre, wären sie in schwarzen Autos gefahren.

Doch so ist die Welt eben nicht. Die Bösen sind die meiste Zeit die nettesten Menschen der Welt, weil sie erreichen wollen, dass wir sie sympathisch finden und sie weiter ungestört ihr Unwesen treiben können.

Machen Sie also in einer Lesung Ihren Gegenspieler zu einem erkennbaren Mistkerl, der so spricht wie man sich Mistkerle nun mal vorstellt? Ist die ungeliebte Chefin in Ihrem Roman eine Witzfigur und der Kommissar ein solcher Volltrottel, dass man es schon merkt, wenn man das Kommissariat betritt?

In vielen Filmen kommen Angehörige von Minderheiten vor, die überzeichnet oder lächerlich gemacht werden. Ihr Anderssein wird zur Karikatur. Muss man einen Mann, der Frauenkleider trägt, oder jemanden, der stottert, zur Witzfigur machen?

Habt Ihr denn was Neues? – Bis jetzt nicht! **Zwei** ganz harmlose Sätze, aber sie bergen viele Möglichkeiten, Ihre Figuren zu verraten. Wenn Sie beim Lesen der Rolle des Kommissars mit großen Augen und wedelnden Armen fragen, ist  das wohl sein erster Mordfall. Wenn er die Frage singt, ist er albern. Fragt er lauernd, hat er vielleicht Angst davor, dass etwas herausgekommen sein könnte. Die Antwort des Gegenübers könnte übernervös kommen oder mit zusammengebissenen Zähnen, so, dass man beim Hören sofort weiß: Mit dem Antwortenden stimmt etwas nicht. Aber vielleicht wollen Sie ja auch genau das?

Überlegen Sie also gut, wieviel Sie in der Sprechweise verraten wollen. Der kleinste Unterton beim Vorlesen verändert die Figur, egal, was Sie vorher an Beschreibung geliefert haben.

Nehmen Sie Ihre Figuren ernst, gerade die, die Sie vielleicht selbst gar nicht so mögen. Eine schwache Gegenspielerin schwächt auch Ihren Helden oder ihre Heldin. Es gibt einfach weniger zu kämpfen.

63.

Ein Geräusch aufzuschreiben ist nicht einfach. Besonders bei Geräuschen, die nicht mit dem Mund gemacht werden. Das Peng! für einen Schuss hat sich eingebürgert, genauso wie tsch-tsch für eine Dampflokomotive und Boing! für einen Zusammenstoß. Das liest man und jeder versteht es.

Ansonsten helfen sich Schreibende oft mit dem Infinitiv ohne Endung, den die Übersetzer amerikanischer Comics eingeführt haben. Da macht es schepper, schepper, oder klirr und raschel, raschel. Keine sehr elegante Lösung, aber möglich.

Wenn die Geräusche, die ein Autor aufschreibt, mit dem Mund ge-

Geräusche

macht werden, etwa bei Lautäußerungen seiner Figuren, hat er es nicht ganz so schwer. Aua! Steht für einen Schmerzenslaut und ho, ho ho! für donnerndes Lachen.

Bei einer Lesung sollten Sie aber jetzt den umgekehrten Weg gehen, und wieder das Geräusch herstellen.

Niesen Sie lieber, anstatt das hatschi zu sprechen wie der Titel von Hadschi Halef Omar, der Figur in den Büchern von Karl May. Ziehen Sie Ihren Magen geräuschvoll zusammen, anstatt umpf zu sagen. Lachen Sie kichernd,

Die Struktur anstatt hi, hi, hi zu sagen. Bei oh! stöhnen Sie (wenn es so gemeint ist), bei uäh! machen Sie ein Geräusch des Abscheus. Je weniger man die einzelnen Buchstaben heraushört, desto besser klingt es. Rufen Sie das Huhu! Ihrer Protagonistin so, wie Sie das selbst machen würden. Sie sagt kein Wort, sondern macht ein Geräusch. Bäh, pscht, grrh - alles Geräusche, keine Wörter!

Das hat außerdem den Vorteil, dass Sie viel besser differenzieren können, als das im Schriftlichen je möglich wäre. Ein Ah! beim Nichtgelingen eines Ge-

schicklichkeitsspiels klingt völlig anders als ein Ah! beim Anblick einer Geburtstagstorte. Ahnen Sie, wie viele Möglichkeiten es gibt, das Wörtchen ey zu gestalten?

Wenn aber Ihr Wort, das Sie anstelle eines Geräusches geschrieben haben, literarische Qualität erreicht, dann empfehle ich Ihnen wieder zu lesen: Pardauz, da lag er oder Kantipper, kantapper rollte der Pfannkuchen... Wunderschön, oder?

64.

Besonders Autorinnen von Spannungsliteratur machen sich mit dem Beschreiben von Geräuschen viel Arbeit. Da zischt und knallt es, da knarren Türen, Fenster quietschen, Schritte hasten und Fäuste fliegen, wenn der Held auftritt.

So ein Geräusch können Sie aber nicht nur beschreiben, sondern auf einer Lesung auch hörbar machen. Sie können selbst entscheiden, wie das Geräusch in etwa klingt, ob es schnell oder langsam ist oder mit großer Wucht daherkommt. Er schrie „Ute", als er mit dem Fuß gegen die Tür trat. Wenn das nur ein Tritt ist, dann betonen Sie kurz und laut das Wort

Geräusche hörbar machen

Ute. Ein spitzer und heftiger Aufprall. Wenn es aber eine Abfolge von Tritten ist, dann sollten Sie neben Ute noch schrie und Fuß und Tür betonen. Jetzt hören wir die Abfolge von Tritten, die gegen die Tür donnern.

Das gilt für viele Arten von Geräuschen. Plötzlich hörte sie auf dem Dachboden Schritte. Wenn die Schritte kleine Trippelschritte sind, wie von einer Maus, dann sprechen Sie das schnell und leicht. Stampfen da schwere Lederstiefel

138

herum, wird der Satz gewichtig mit vielen Betonungen gesprochen. Sind die Schritte undeutlich und kaum zu erkennen, dann sprechen Sie den Satz zögerlich und leise. Vielleicht flüstern Sie auch dabei.

Wenn ich die verschiedenen Versionen z.B. einer Schulklasse vorlese, können die Schüler anschließend genau beschreiben, wer da wie über den Dachboden gegangen ist. Die beschreiben sogar die Personen. Er mampfte an seinem Pausenbrot herum **ist langsam und breit,** sie knabberte vorsichtig an ihren Keksen **eher langsam und spitz und** er fiel über die Gummibärchen her **wieder schnell und groß.**

Besonders schön ist natürlich wieder der Gegensatz, also wenn der Vorlesende dem Satz etwas unterlegt, was der Satz noch gar nicht sagt.

Im Text steht nur, dass er den Schweinebraten aß, aber der Unterton des Vorlesenden sagt uns wie. Er fiel darüber her, dass er sich fast verschluckte oder er stocherte lustlos darin herum. Vorlesen heißt eben immer auch, sich zu entscheiden, wie eine Szene gemeint ist und sie für den Hörer sichtbar zu machen.

Eine gute Lesung ist im besten Sinne Kino im Kopf.

65. Es gibt kaum eine Gelegenheit, bei der Sprechzeichen so wichtig sind, wie bei einer Steigerung. Die Bandbreite unserer Stimme in Bezug auf Laustärke, Tempo oder verschiedene Gefühlslagen ist ziemlich groß, aber da wir am unteren und oberen Rand nicht mehr zu verstehen sind, empfiehlt es sich, den mittleren Bereich komplett auszunutzen.

Wenn es also schneller werden soll, brauchen wir zu Beginn der Steigerung ein Zeichen, dass es betont langsam losgeht. Wenn es lauter werden soll, fangen wir bewusst leise an und wenn wir am Ende zum Beispiel das Gefühl *Wut* brauchen, dann sollten wir sehr gelassen in die Steigerung reingehen. Nur dann entfaltet so ein sprachliches Gebilde seine ganze Kraft.

Er rannte in die Küche, räumte schnell die Gläser in die Spülmaschine, wischte das Spülbecken durch, rückte auf dem Weg zur Tür Hemd und

Die Steigerung

Hose zurecht und atmete vor der Tür tief durch. Hier fangen Sie hektisch an und werden mit jedem Schritt ruhiger, bevor unser Held der Liebsten die Tür öffnet. Erst wenn er eine Idee übertrieben hektisch in die Küche rennt, kommt die Kraft, mit der er sich zusammennimmt, so richtig gut raus. Aber das geht natürlich auch umgekehrt.

Da fällt ihm die U-Bahn ein. Er orientiert sich einen Moment. Dann läuft er los. Schneller. Immer schneller. Er muss schneller sein. Da ist das weiße U. Die Treppe runter, da steht sie, die U6, er nimmt zwei Stufen auf einmal, erreicht den Bahnsteig – und die U-Bahn fährt ohne ihn ab.

Der Moment, an dem ihm die U-Bahn einfällt, könnte ein hektischer Moment sein. In seiner Panik hat er einen schnellen Geistesblitz. Für den Rest des Satzes ist es aber viel schö-  ner, wenn sich der Gedanke an die U-Bahn ganz langsam in seinen Kopf schleicht. Dann können wir ganz langsam starten, um dann das Verpassen der U-Bahn richtig groß zu machen.

Nach demselben Prinzip können Sie jedes Gefühl steigern. Er nahm die Waffe aus dem Kasten, baute sie mit wenigen geübten Handgriffen zusammen, wiegte sie einen Moment in der Hand, bevor er zum Fenster ging. Die Zielperson war sichtbar. Er legte an, zielte... und schoss.

Je größer der Gegensatz zwischen Anfang und Ende, desto besser.

66. Soll ich Autorinnen und Autoren etwas über Dramaturgie erzählen? Das wird schwer, denn die wissen besser, wie man Spannung aufbaut und wo Lacher hingehören. Aber auch eine Lesung sollte eine Dramaturgie haben, über die sich die wenigsten Autoren überhaupt Gedanken machen. Sie lesen richtig gute Stellen aus ihrem Roman in der Reihenfol-

Dramaturgie

ge, wie sie vorkommen. Sonst kommt der Zuschauer schließlich nicht mit.

Aber soll er mitkommen? Andersherum: Wenn er mitkommt, wird er dann noch das Buch kaufen? Wenn der alleinige Grund für den Kauf der ist, eine eventuelle Schlusspointe zu erfahren, dann halte ich das für ungenügend. Natürlich verrate ich nicht, wie der Roman ausgeht, aber auch alles Übrige darf nicht sonnenklar sein. Sollte es in meinem Roman spannend und lustig zugehen, kann ich die lustigen und die spannenden Stellen gut abwechseln. Schon Shakespeare hat vor jede dramatische Szene eine unterhaltsame Szene gesetzt. Macbeth oder Richard III. wären sonst gar nicht auszuhalten. Aber so einfach ist das nicht. Wenn vor der dramatischen Szene eine witzige Szene kommt, braucht die drama-

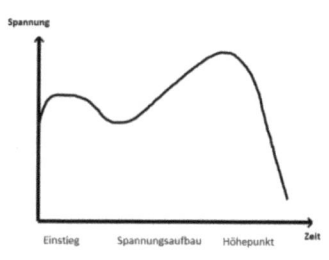

Die Struktur tische Szene „mehr Anlauf", das heißt ich kann nicht nach einer Slapstick-Einlage ohne Übergang mit einer Folterszene weitermachen. Ob Sie vorlesen oder erzählen, ist gleichgültig.

Ansonsten ist es deutlich einfacher, die unterhaltsamen Szenen ans Ende der Lesung zu legen. Enden Sie nicht mit einem Mord, sondern mit einer Kissenschlacht. So geht das Publikum anschließend mit einem guten Gefühl nach Hause.

Nur mit einem sollten Sie die Lesung nie beenden: Mit einer langen Aufzählung, in welchem Verlag das Buch erschienen ist, wo man es kaufen kann, wer mitgearbeitet hat, wieviel es kostet, wie genial der Graphiker ist und möglicherweise noch ISBN-Nummer und Portokosten durchgeben. Wenn das denn unbedingt sein muss, haben Sie das lange vorher gemacht. Der letzte Gedanke, die letzte Szene, das Ende der Lesung ist ein entscheidender Punkt.

Den sollten Sie nicht kaputt machen. Schließlich soll das Publikum jetzt den Büchertisch stürmen.

67. Wie lange sollte ich denn lesen? Die einfache Antwort: „Kommt drauf an, wie gut Sie sind!" Wenn das Publikum nicht merkt, wie die Zeit vergeht, darf es ruhig ein bisschen länger dauern. Wenn die ersten nach einer Viertelstunde auf die Uhr sehen…

Keine Filmszene, einige Kunstfilme ausgenommen, dauert länger als drei Minuten. Die drei ist in Film und Theater eine magische Zahl. Die meisten Filme dauern 90 Minuten. Das ergibt sich aus

Die Länge der Lesung

der dreiaktigen Struktur. Menschen können sich nur eine bestimmte Zeit konzentrieren, bevor sie abschalten. Außerdem hat es mit unseren Gewohnheiten zu tun. Wir haben uns bei Veranstaltungen an eine bestimmte Länge gewöhnt. 90 Minuten wäre eine gute Länge. Oder auch 60 Minuten Lesung und danach 30 Minuten Fragen.

Wenn es eine Bewirtung oder einen Getränkeverkauf gibt, wird man Ihnen eine Pause vorschreiben, die sie gleichzeitig sehr gut zum Verkauf Ihrer Bücher nutzen können. Denn viele wollen nach der Veranstaltung direkt nach Hause, weil der Babysitter wartet.

Dann könnte es vor der Pause eine knappe Stunde dauern, ev. mit einem Musiker, der zwischen den Kapiteln spielt, und dann nochmal mindestens 30 Minuten nach der Pause. Wichtig ist, dass der Teil nach der Pause kürzer ist als der Teil vor der Pause. Auch daran haben wir uns gewöhnt, so dass wir irritiert wären, wenn es anders wäre.

Auf keinen Fall frage ich ins Publikum, ob sie  noch etwas hören wollen. Wie wollen Sie da jetzt eine repräsentative Antwort bekommen? Da schreien dann ein paar Fans, und die anderen sind festgenagelt. Sie entscheiden, wie lange es dauert, und daran wird während der Lesung nicht gerüttelt, von einer kleinen Zugabe mal abgesehen. Die Unterlegenen oder die, die sich nicht gemeldet haben, bekommen oft schlechte Laune, weil sie nicht beteiligt waren.

Ein weiteres Kriterium ist der Eintrittspreis. Für 25 Euro einer Autorin 45 Minuten zuzuhören, die mit gesenktem Blick aus ihrem Buch vorliest, ist viel Geld. 90 Minuten Multimedia-Show für 5 Euro ist ein absolutes Schnäppchen.

68.

Wenn mehr als ein Autor aus einem Buch liest, zum Beispiel bei der Vorstellung einer Anthologie, kann das die Lesung sehr aufwerten. Jeder kann Aufgaben beim Kollegen übernehmen. Einem Text mit viel Dialog zum Beispiel kann ich leichter folgen, wenn die Personen von verschiedenen Menschen gelesen werden.

Das hat auch den

Die Doppellesung

Vorteil, dass ich so manches sagte er streichen kann, weil es klar ist, wer das sagt. Auch stieß er mit einem Seufzer hervor kann ich streichen, weil der Sprecher es mit einem Seufzer hervorstößt. Und bei flüsterte er, während er den Zündbolzen ein bisschen nach vorne schob achte ich darauf, dass es nicht nur derjenige spricht, der auch die wörtliche Rede gelesen hat, sondern dass er zwischen der wörtlichen Rede und flüsterte keine Pause macht.

Es ist wichtig, den Text zu kennzeichnen. Ich arbeite mit farbigen Markern. So ist schnell ersichtlich, wer wann dran ist. Das bereite ich für den Kollegen oder die Kollegin gut vor. Leidvolle Erfahrung hat mir beigebracht, dass es ohne diese genaue Vorbereitung nicht funktioniert.

Die zweite Vorleserin kann auch eine große Hilfe sein, indem sie Sprünge zwischen Textpassagen kommentiert, Ortsbeschreibungen liest oder Zeitangaben macht. Oder der zweite Vorleser übernimmt eine wichtige Figur in dem zu lesenden Text und liest ausschließlich diese Figur, zum Beispiel den männlichen Kommissar in dem Buch einer weiblichen Autorin.

Sind es zwei Autoren, die zusammen einen Text geschrieben haben, dann empfiehlt es sich, Rollen festzulegen. Die großen Komikerpaare waren alle sehr gegensätzlich. Wenn der eine dumm fragt, der andere klug antwortet, wenn der eine lesen will und der andere will Geschichten übers Schreiben erzählen oder wenn der eine den Text

ganz großartig findet und der andere daran zweifelt, dann kann das aus einer Lesung eine kleine Performance machen. Wichtig ist nur, dass die Rollen der beiden möglichst gegensätzlich sind. Die Bücher verkaufen sich dann ganz von selbst. Zwei Autoren dagegen, die abwechselnd Passagen lesen, sind im Grunde sterbenslangweilig.

69. Die meisten Autorinnen und Autoren lesen direkt aus ihren Büchern. Da kleben dann jede Menge bunter Zettel auf den Seiten, aus denen gelesen wird (die oft abgehen und unfreiwillig für Verwirrung sorgen), dazu Bleistiftzeichen, die Streichungen von Abschnitten oder einzelnen Wörtern markieren (sichtbar an den unruhigen Augen und hörbar an einem gedehnten Laut beim Suchen).

Der Hauptvorteil ist dabei, dass das Auditorium das Buch während der Lesung die ganze Zeit vor Augen hat. Schließlich sollen sie es im Anschluss kaufen oder wenigstens in der nächsten Buchhandlung

Das Manuskript

wiedererkennen, sich an die nette Lesung erinnern und dann zuschlagen.

Aber direkt aus dem Buch vorzulesen hat eine Menge Nachteile. Nicht nur, dass die Schrift manchmal für die schummrige Beleuchtung – etwa bei der Lesung erotischer Geschichten – viel zu klein ist, nein, auch der Zeilenabstand ist für Sprechzeichen zu gering.

Wie und wo mache ich bei dem Satz Vielleicht gehe ich wirklich ins Kloster, schrie sie mit letzter Kraft! ein Zeichen vor das Vielleicht, damit ich weiß, dass dieser Satz geschrien werden muss? Wohin mit dem Zeichen, dass der Satz

Die Burganlage ruhte in der Abendsonne wie ein zum Sprung bereites Ungeheuer düster oder sehr bedrohlich gesprochen werden muss? Drucken Sie sich den Text aber mit doppeltem Zeilenabstand aus, sind Anmerkungen und Sprechzeichen kein Problem. Auch bei Kürzungen finden Sie sich leichter zurecht.

Noch einen ungeheuren Vorteil hat es, wenn der Text neu ausgedruckt wird: Sie können die Satzzeichen da weglassen, wo sie nicht gesprochen werden. Den Satz Ich kenne das was du sagst sehr gut schreiben Sie ohne Komma. Und den Satz Ihm wird schwarz vor Augen. Alles dreht sich. Er verliert das Gleichgewicht. Und schlägt aufs Pflaster auf. unterteilen Sie mit Punkten, wie ich es hier gemacht habe, auch wenn das ursprünglich mal ein Satz mit Kommas war. Am besten nach jedem Punkt eine neue Zeile und das zeitlupenartige Fallen (vorausgesetzt Sie wollen das so) wird hörbar.

70. Auf einer Lesung versuche ich immer, vorher einen Blick ins Manuskript des Autors zu werfen. Wenn das ganz jungfräulich ist, ohne Bleistiftzeichen und ohne Regieanweisungen, dann kann ich eigentlich wieder nach Hause gehen. Das wird ein mehr oder weniger gekonnter Kampf gegen die Sätze werden. Einen guten, spannenden, vielleicht sogar kunstvollen Vortrag kann ein Sprecher so nicht hinbekommen.

Geschriebene Sätze sind viel zu kom-

Sprechzeichen

plex, um sie mit einem Blick zu erfassen. Und der Autor, der seinen Text auswendig sprechen kann, ist die absolute Ausnahme.

Damit man sich also auf sein Publikum und die Gestaltung des Textes konzentrieren kann, darf man über die Struktur nicht lange nachdenken müssen.

Deswegen muss zunächst einmal klar sein, wie lang die Gedanken sind, beziehungsweise wo ich einen Punkt mache. Diese Stelle kann ich durch einen fetten schwarzen Punkt kennzeichnen, ich kann einen nach unten zeigenden Pfeil eintragen oder den Gedanken mit einem oder bei größeren Pausen mit zwei senkrechten Strichen trennen. Hier endet der

Gedanke, hier ziehe ich die Melodie nach unten. Hier mache ich zumindest eine kurze Pause.

Das zweite Zeichen ist das Betonungszeichen. Damit mein Text übersichtlich bleibt, trage ich Wortbetonungen nur dann ein, wenn ich ein Wort oft falsch betone oder die Betonung etwas klärt, was erst anschließend kommt. Wenn ich WochenENDE sage, meine ich nicht Montag. Es gibt Sprecher, die jetzt noch zwischen

Sprechzeichen	
/	Atempause
،	Staupause, Zäsur
===	Betonung Hauptton
——	Betonung Nebenton
	oder
//	Betonung Hauptton
/	Betonung Nebenton
↓	Ende des Gedankens
↑	Gedanke geht trotz Pause weiter
→	Pause im Gedanken

starken und schwachen Betonungen, genauso wie zwischen langen und kurzen Pausen unterscheiden. Das muss jeder für sich selber entscheiden, aber zu viele Zeichen machen das Lesen eher schwerer als leichter. Alles, was sich von selbst ergibt, zeichnet man am besten gar nicht erst ein. In dem Satz Wir werden gewinnen wird das gewinnen stärker betont werden als das wir. Das ergibt sich aber in der Regel von selbst, ohne dass ich mich daran erinnern muss. Jedes Sprechzeichen zu viel lenkt Sie ab. Ich weiß nach einer ersten Probe genau, wo ich Sprechzeichen brauche.

71.

Das Schöne am Schreiben ist, dass man alles bestimmen kann. Das gilt auch für die Eigennamen der Figuren. Eine Tini leitet im Roman keinen Dax-Konzern und das Enfant terrible der frie-

Eigennamen

sischen Kunstszene heißt wahrscheinlich nicht Gottlieb. Außerdem wird man nicht Lara, Lena und Laura auf Entdeckungsreise nach Griechenland schicken, weil die Lesenden bald die Übersicht verlieren würden.

Wenn die Namen bekannter Menschen auftauchen, sollten Sie deren Aussprache recherchieren. Auch wenn der Filmschauspieler Rodschä Moore heißt, so heißt es doch Rogé Cicero, aber Rohger Willemsen. Es wirkt laienhaft, wenn Sie den schwedischen Bestsellerautor auf der zweiten Silbe betonen (er heißt MANkell) oder das deutsche Bundesland Mekklenburg aussprechen. Das c ist hier Dehnungslaut, also Mehklenburg. Der Ausspracheduden leistet hier gute Dienste.

Besonders kompliziert ist die Aussprache bei Begriffen aus anderen Sprachen, weil wir Deutschen die Namen gern möglichst originalgetreu aussprechen. Ein Deutscher, der noch nicht dort war, sagt Mlami. Kommt er zurück, sagt er MiÄMI. Der Fußballer wird überall Froohnck Ribéry gesprochen, und wer was auf sich hält, sagt Barthelona. Besonders albern wird es dann, wenn jemand zwei Espressi bestellt und damit auch noch italienisch dekliniert. Aber das ist ein anderes Thema.

Ich weiß aus eigener Erfahrung, wie sehr es Autorinnen ärgert, wenn die Namen ihrer Helden falsch ausgesprochen werden. Schließlich hat die Erfinderin sich mit dem Namen sehr viel Mühe gegeben.

Es gibt sogar Autorinnen, bei denen der Klang eines Namens etwas über den Träger erzählen soll. Irina ist eher eine schlanke Frau, Ufuk ein breitschultriger Mann.

Sollten Sie den Text selbst lesen, dann entscheiden Sie, wie man einen Namen ausspricht. Aber Sie sollten Die Sprechweise konsequent durchhalten. Hat der Boss eines osteuropäischen Mädchenhändlerrings einen exotisch klingenden Namen, wie z.B. Przybczkis, dann ersetzen Sie ihn im Redemanuskript durch die Schreibweise, die dem Klang am nächsten kommt, z.B. Pribschkis oder Pschipki. Sie als Autor bestimmen die Aussprache und machen es sich am besten so leicht wie möglich.

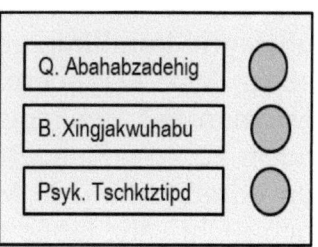

Q. Abahabzadehig

B. Xingjakwuhabu

Psyk. Tschktztipd

72. Wie man Zahlen betont, habe ich schon in Folge 36 erklärt. Heute geht es darum, wie man sie aufschreibt und liest, weil Zahlen in Vorlesetexten richtige Versprecherfallen sein können. 23891€ hatte er auf dem Konto. Wenn Sie jetzt einwenden, dass kaum ein Autor das so schreiben würde, haben Sie vielleicht Recht.

Zahlen lesen

Aber es ist ja ein Beispiel.

Im Text muss da ein Punkt rein. 23.891€, 604.000 Ampullen, 1.430.000 Einwohner, damit ich das beim Vorlesen sofort erfassen kann. Bei runden Zahlen bietet sich fürs Manuskript die Schreibweise 3tausend an und bei größeren Zahlen empfehle ich Ihnen, die Zahl auszuschreiben: 5 Millionen 6hundert 4tausend. Das liest sich am leichtesten. Bei einer Lesung stehen Sie ja oft unter Stress.

Besonderheiten sind übrigens die Zahlen 101, 1001 und so weiter. Wenn Sie die mit einem Substantiv kombinieren, wird es schwierig. Es gab 101 Tote. Das schreibt sich leicht, aber wie liest man es? Einhunderteins Tote? Einhundertundein Tote? Einhundertundein Toter? Der Duden erlaubt alle drei Möglichkeiten. Und das noch nicht sehr lange (In meiner Jugend war hunderteins Bälle nicht erlaubt). Man kann

sagen Es gab (ein)hundert(und)einen Toten **oder** Es gab hundertundein Tote **und** Es gab hunderteins Tote.

Im Regelfall gilt: Das Substantiv steht im Plural, aber das Wörtchen ein bleibt endungslos. Also **sagen wir** hundertein Männer, tausendein Frauen, zehntausendundein Bücher **oder** tausendundeine Nacht **und** hundertundeine Frau.

1 432 765

1 MILLION

314 Mrd.

10 TAUSEND

4 hoch 5   1/2

eins Komma drei

Ein und würde ich nur dazwischensetzen, wenn dieser eine Punkt wichtig ist. Ob es 1000 oder 1001 Verletzte sind, ist im Normalfall egal, so schrecklich jedes einzelne Schicksal sein mag.

Aber Mani Schlitten gewann mit eintausendundeinem Punkt.

Bei den Ordinalzahlen **muss es** der hundertste **oder** der tausenderste **heißen**.

Ziffern, die Zuhörende mitschreiben sollen, lesen Sie am besten einzeln: M für München, Strich AZ, drei, zwei, eins. **Sollen wir uns die Zahlen merken** (zum Beispiel um sie gleich auf einem Zettel aufzuschreiben), **dann sind Zahlenpaare einfacher:** Vierunddreißig, sechsundvierzig, zweiundfünfzig.

73.

Egal ob Krimi oder Familiendrama, es gibt in jedem Text Passagen, die zumindest ein Lächeln provozieren sollen. Und auch wenn es viele Arten von Pointen gibt, sie basieren alle auf einem Überraschungsmoment. Es kommt etwas anders, als wir erwartet haben. Drei Dinge brauchen Sie unbedingt für Ihre Steuererklärung: Die Vordrucke vom Finanzamt. Ihre gesammelten Belege. Und eine geladene Pistole.

Die „Fallhöhe" des dritten Begriffes in Bezug

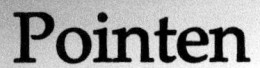

auf die beiden ersten ist so hoch, dass ein Lacher entsteht. Bei einem Messer als drittem Begriff wäre die Fallhöhe geringer (weil ein Messer jeder besitzt), aber wenn Sie eine geladene Walter PPK 9mm anstatt geladene Pistole einsetzen, wird die Fallhöhe wieder größer, weil wir vermuten, Sie hätten sich die Waffe schon besorgt.

Beim Vorlesen können wir die Fallhöhe verstärken, indem wir diese drei Sätze nicht mit hängender Unterlippe in der Haltung eines bulligen Boxers sprechen, sondern in der Haltung eines strukturierten Menschen (der auch bullig und Boxer sein kann). Es hängt vom Text ab, aber hier erzeugt der Ton eines sehr peniblen Menschen den größten Effekt, weil man dem die Pistole am wenigsten zutraut.

Haben Sie meiner Frau gesagt, ich sei ein Idiot? – Nein, das wusste sie bereits. Wenn der Fragesteller lauernd und hinterhältig fragt und die Antwort hämisch kommt, wird das kein La-

cher. Wir brauchen wieder den größtmöglichen Gegensatz.

(Brüllt) Haben Sie meiner Frau gesagt, ich sei ein Idiot? – (Ängstlich und entschuldigend) Nein, das wusste sie bereits. Die zweite Person will sich entschuldigen, weil sie Angst hat. Die Wahrscheinlichkeit für einen Lacher steigt.

Jeder kann seine Meinung frei äußern. - Es sei denn, er hat eine. Erster Satz wie ein Fahnenschwenkender Freiheitskämpfer, groß und wichtig - zweiter Satz klein und verdruckst. Schon kommt die Pointe stärker. Je größer die Überraschung, je größer der Gegensatz, desto besser der Lacher.

(Quengelig) Otto, schaust du lieber Fußball an als mich? – (Wichtig) Ja, aber du kommst lange vor Weitsprung und Kugelstoßen.

Jetzt noch eine kleine Pause nach dem Ja, und dann schiebt Otto die Pointe hinterher. Manchmal hilft es, es einfach auszuprobieren.

74. Eine „Pointe trocken setzen" bedeutet zunächst mal, dass der Satz möglichst beiläufig gesprochen wird, ohne Gestaltung, ohne emotionalen Unterton. Bei Flugreisen empfiehlt es sich, immer vorn zu sitzen. Dann kommt beim Absturz der Getränkewagen nochmal vorbei. (Ingolf Lück)

Wenn Sie diesen Witz ganz ernst vortragen

Die trockene Pointe

und das nicht im Mindesten verwunderlich finden, wird der Witz komisch. Wenn Sie aber vor dem dann schon ein prustendes Lachen unterdrücken müssen und vor dem nochmal eine große Pause machen und mit zwei Glöckchen klingeln, ist die Pointe weg.

Komiker lachen in der Regel auf der Bühne nicht über ihre eigenen Witze. Auch wenn Mario Barth in seinen Shows das Gegenteil beweist. Na hören Sie mal, das ist doch wohl der Gipfel!" faucht der Kollege, "Ich erzähle Ihnen, dass meine Frau ein Baby erwartet, und Sie fragen, von wem!" "Nun regen Sie sich mal nicht auf!", versucht der andere ihn zu beruhigen, "Ich dachte ja nur, Sie wüssten es."

Der letzte Satz verträgt keine Häme, keine Wut, keinen Sarkasmus. Der muss einfach

Besondere Herausforderungen

trocken gesetzt werden. Die zweite Person merkt gar nicht, dass es eine Pointe ist, und dadurch wird es für uns komischer. Warum bekommt man eine Frau so schwer aus der Küche weg. – Wegen der Herdanziehungskraft. Wieder wird die Pointe ganz trocken gesetzt. Der Sprecher lässt den Satz einfach locker fallen. Er will alles, nur keinen Witz machen. Denn wir lachen nun mal mehr über jeman-

den, dem ein Missgeschick passiert oder etwas Blödes heraus-rutscht als über jemanden, der mit viel Anlauf EI-NEN WITZ MACHT.

Auch wenn es absurd wird, ist es wichtig, dass der Sprecher bzw. der Autor ganz ruhig bleibt und das Ganze trocken erzählt. Als Jennifer nach Hause kam, stand in der Küche ein riesiger Baum. Natürlich kann ich diesen Satz auch aus Jennifers Sicht mit einem ungläubi-gen Erstaunen unterlegen, aber die komische Wirkung ist dann weg. Es wird dann eher be-drohlich oder verrückt. Sie wissen, wovon Ihre Geschichte handelt und Sie bestimmen darüber, welches Gefühl sich einstellt.

75. Es gibt für Schauspielerinnen und Rezitatoren kaum eine größere Herausforderung als gebundene Sprache. Ich habe schon eine sündteure Aufführung des „Jedermann" fluchtartig verlassen, weil ich das Reimgeklapper nicht ausgehalten habe. Die Schauspieler betonten alle Zeilenenden, und es hörte sich an wie Abzählreime für Kinder. Ene, mene, MUH, und raus bist DU.

Als Profi achtet man darauf, die Reimwörter nicht zu betonen. Der Rhythmus gereimter Sprache ist stark genug. Das macht in der Regel viel Arbeit und gelingt nicht einfach mal so. Als Beispiel nehmen wir „Versäumter Augenblick"

Gebundene Sprache

von Eugen Roth. Ein Mensch, der beinah mit GEWALT / auf ein sehr hübsches Mädchen PRALLT. So klingt das hölzern und nach Kinderreim.

Am besten sucht man sich ein anderes Wort im Satz, das man betont. Manchmal muss man dazu sogar eine Zeile weiter gehen. Ein Mensch, der beinah mit GEWALT auf ein sehr hübsches Mädchen prallt, ist ganz VERWIRRT. Das ist kein Reimwort, kann also ruhig betont werden. Überflüssig zu sagen, dass das Komma nach prallt nicht gesprochen wird. Da das verwirrt in der Mitte der Zeile steht, ist es jetzt ganz

U –	– U U
Jambus	Daktylus
– U	U U –
Trochäus	Anapäst

einfach, das Reimwort der nächsten Zeile zu umgehen, indem wir gleich eine Zeile weiterlesen. Er stottert, stutzt und lässt den Glücksfall UNGENUTZT. Da wir um die Betonung von ungenutzt nicht herumkommen, lesen wir ab Er stottert einfach durch. Das hat den weiteren Vorteil, dass die Sätze unterschiedlich lang sind. Bei längeren Gedichten können wir so Monotonie vermeiden.

Genauso machen wir es mit den nächsten beiden Zeilen. Keine Pause am Zeilenende und aufgespart bitte weder betonen noch mit einer anschließenden Pause garnieren: Was frommt der Geist der aufgespart, löst ihn nicht GEISTES-GEGENWART.

Bei den letzten beiden Zeilen suche ich mir wieder zwei Wörter für die Betonung, die keine Reimwörter sind.

Der Mensch übt NACHTS sich noch im Bette wie STRAHLEND er gelächelt hätte. Wieder keine Pause am Zeilenende.

Wer gute Beispiele möchte, hört oder sieht sich mal Lutz Görner an. Der hat im Bereich Rezitation Maßstäbe gesetzt.

76.

Eine Abkürzung vorzulesen ist zunächst mal nicht schwierig. Wir sind in der EU, haben einen bestimmten IQ, hören UKW und benutzen GPS. Eine Abkürzung wird also auf dem letzten Buchstaben betont, und zwar auch

Abkürzungen

dann, wenn es viele Buchstaben sind, wie bei ÖAMTC oder DSGVO.

Genauso einfach ist es, wenn wir Wörter einfach nur verkürzen, wie die Kripo, der Akku oder die Stasi. Hier wird wie bei fast jedem deutschen Wort die erste Silbe betont.

Aber davon gibt es natürlich Ausnahmen. Wenn die Abkürzung leichter mit einem bestimmten Rhythmus zu sprechen ist, dann bevorzugen wir den Rhythmus. Dann merkt man es sich besser. Die Vorabendserie bei RTL heißt also GZSZ und die Rockgruppe heißt AC/DC im Gegensatz zum ADAC. Der Azubi spricht sich ebenfalls leichter, wenn ich ihn gegen die Regel betone. Die meisten Deutschen glauben, dass die Hauptwasserstraße in Venedig Canale Grande heißt und nicht Canal Grande, wie es richtig heißt, weil sich das leichter spricht.

In dem schon erwähnten Buch „Deutsche Aussprache" finden wir dann noch weitere

Besondere Herausforderungen

Ausnahmen Asta, UNO, Agfa oder NATO. Wenn die Abkürzungen mit ihrem Lautwert ausgesprochen werden, „trägt das ganze Gebilde den Kopfton des deutschen Normalwortes" heißt es dort.

Bei vielen Wörtern, die ursprünglich aus Silben zusammengesetzt werden, haben wir ganz vergessen, dass es eine Abkürzung ist und betonen es wie die meisten Wörter auf der ersten Silbe. Zum Beispiel bei EDEKA (Einkaufsgemeinschaft deutscher Kaufleute) oder das MOMA (Museum of Modern Art). Wussten Sie, dass Laser ursprünglich ein Akronym ist (Light Amplification by Stimulated Emission of Radiation)?

Abkürzungen, um Platz zu sparen, sollten Sie bei einem Text, den Sie vorlesen sollen, unbedingt vermeiden. Lt. Kasulke, der HBF in Münster oder Jgg. 85 z.B. müssen Sie während des Lesens erst dechiffrieren, und das kostet Zeit und Konzentration. Auch cu, l8r oder Xmas würde ich im Text für die Lesung umschreiben, auch wenn Ihre Protagonistin das in ihrer SMS genau so schreibt. Gelesen ist das eben anders als gesprochen.

77.

Eine Glosse oder eine Satire zu schreiben oder einen Helden zu erfinden, der die Welt ironisch sieht, ist viel einfacher, als die Figur sprechen zu lassen. Schließlich kann ich in einem Text alles behaupten. Egal ob stellte er ironisch fest

oder Sie fügte mit bissigem Sarkasmus hinzu: Du bist wirklich ein exzellenter Liebhaber! Aber wenn Sie das vorlesen, muss es auch so klingen, wie es Ihre Beschreibung behauptet. Und das ist nicht so einfach.

Für Ironie haben Sie drei Möglichkeiten. Die erste und einfachste ist die Pause vor dem Wort, das Sie ironisieren wollen. In unserem Fall also Du bist wirklich ein – exzellenter Liebhaber. Durch die kleine Pause vor dem Wort Liebhaber versteht jeder, dass es anders gemeint ist, als es gesagt wurde. Wenn wir den Liebhaber dann noch eine Idee deutlicher sprechen, ist alles sonnenklar. Dasselbe geht natürlich für jedes Wort des Satzes, also auch Du bist wirklich ein exzellenter – Liebhaber.

Aus dem gleichen Grund sind unbeabsichtigte Pausen mitten im Satz (z.B. weil die Luft nicht reicht) so gefährlich. Sie können leicht nach Ironie klingen. Sie sah aus wie die – Schauspielerin Veronica Ferres.

Die zweite Möglichkeit besteht darin zu übertreiben. Wenn Sie den exzellenten Liebhaber mit großer Geste und vor Verzückung geschlossenen Augen feiern, ist jedem sofort klar, dass es so nicht gemeint sein kann.

Sollte der ironische Text länger sein, kann das Übertreiben immer mehr abnehmen. Wenn das Publikum verstanden hat, dass es ironisch gemeint ist, muss man es daran nicht ständig erinnern.

Die letzte Möglichkeit ist die komplizierteste, aber sie bietet Ihnen die größte Vielfalt. Unterlegen Sie einfach einen Unterton, der etwas anderes ausdrückt als der Satz, den Sie lesen. Benutzen Sie z.B. für den Satz: Du bist wirklich ein exzellenter Liebhaber! den Ton, mit dem Sie sagen würden: Das ist jetzt wirklich ärgerlich oder Ich habe selten so einen Versager gesehen oder Ich kann einfach nur noch staunen! Sie werden

sehen, dass Sie auf diese Art auch bei längeren

Passagen sehr viel variieren können, ohne dass es für Ihre Zuhörenden langweilig wird. Denn gute vorgetragene Ironie kann sehr unterhaltend sein.

78. Eine ganze Satire zu schreiben ist eine Herausforderung. Wie viel größer ist die Herausforderung, eine Satire zu lesen! Der Grat zwischen albernem Kasperletheater und einem geschliffenen Wortspiel ist sehr schmal.

Das Publikum sollte wissen, dass es sich um eine Satire handelt. Das macht es einfacher. Wenn ich zu einer Lesung von Jochen Malmsheimer gehe, erwarte ich keine elegischen Landschaftsbeschreibungen. Das Publikum wird sich nicht fragen, ob es lachen darf.

Gibt es dieses Vorwissen nicht, oder wollen Sie das Geheimnis vor- 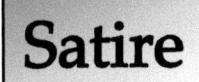 her nicht lüften, so sollten Sie in den ersten Sätzen die Doppelbödigkeit des Textes besonders deutlich herausstellen. Entweder durch eine sehr übertriebene Textpassage, die nicht ernst gemeint sein kann. Oder Sie machen durch Ihre Leseweise ganz deutlich, dass es eine Satire ist, also zum Beispiel, indem Sie alles groß und wichtig machen. Wie Sie Ironie lesen sollten, haben ich Ihnen gerade in der letzten Folge schon erklärt.

Wenn Ihr Text also mit Ich liebe alle Politiker beginnt, können Sie Ihre Begeisterung für diesen Berufsstand ruhig ein bisschen übertreiben, damit auch wirklich klar ist, dass Sie sich nicht für den Bundestag bewerben. Bei Ich lie-

Besondere Herausforderungen

be Kinder – vorausgesetzt sie sind gefesselt und geknebelt müssen Sie das nicht. Hier ist klar, wie es gemeint ist. Je trockener Sie das erklären, desto komischer.

Das Publikum erst langsam merken zu lassen, dass es sich um eine Satire handelt, halte ich für keine gute Idee. Diese Unsicherheit, wie 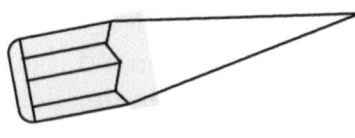 Ihr Text zu verstehen ist, ist für das Auditorium nicht angenehm, und die ersten Pointen und Formulierungen sind damit erst mal verloren. Keiner will als einziger lachen. Denn wenn sich herausstellt, dass es anders gemeint war, empfinden wir das als sehr peinlich. Wenn um mich herum aber herzlich gelacht wird, habe ich kein Problem mitzulachen und freue mich über jede Pointe.

Die meisten Satiren leben davon, dass Sie sich ganz normal und alltäglich anhören und im Plauderton erzählt werden. Das Ungewöhnliche passiert einfach als sei es normal. Je weniger sich der lesende Autor über das, was passiert, ärgert oder aufregt, desto komischer. Natürlich bleibt ein Wutausbruch auch in einer Satire ein Wutausbruch, aber niemand ist verwundert darüber, wenn die Welt so ganz anders aussieht.

79.

Es gibt sehr viele Gründe, warum ein Text kitschig sein kann. Die beschriebene Situation kann kitschig sein (Sie glitten auf dem Herzchenboot in den Sonnuntergang), die Wortwahl kann kitschig sein (Er berührte ihre seidenweiche Haut wie ein Windhauch) oder die Gefühle können kitschig sein (Ein Gefühl der Wärme stieg in ihm auf).

Aber man kann auch kitschig vorlesen. Und damit ist nicht gemeint, dass jemand beim Vorlesen singt, wie ich das schon in der Folge über den Märchenton beschrieben habe, oder Tränen in den Augen hat beim Rezitieren. Sondern

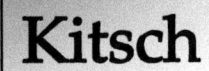

ich meine den Kitsch, der sehr leicht dadurch entsteht, dass sich Text und Vortragsweise in ihrer Aussage doppeln.

Es ist nichts dagegen einzuwenden, wenn jemand in einem Liebesroman seiner Angebeteten gesteht, dass sie die schönsten Augen habe, die er je gesehen hat. Warum sollte das kitschig sein? Vielleicht ist es wahr. Nein, kitschig wird es erst, wenn Sie als Rezitator den Satz beim Vorlesen langsam und bedeutungsvoll wie ein Gebet zelebrieren. Wenn Sie lesen, als seien Sie selbst verliebt, steigt das Publikum aus. Komischerweise möchte der Zuhörer das Gefühl nämlich selbst haben und nicht vorge-

Besondere Herausforderungen

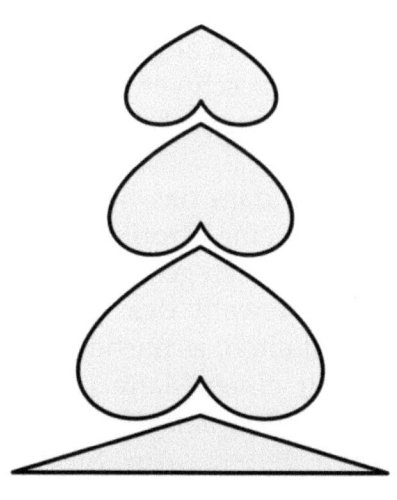

spielt bekommen. Wobei der Zeitpunkt, wann jemand etwas als zu kitschig oder zu schwülstig empfindet, je nach Person unterschiedlich sein kann.

Besondere Gefahr besteht bei Texten, in denen der Autor die Sprechanweisung mitliefert: **(tief ergriffen)** Die Nacht mit dir war einfach wunderbar! **Wie viel weniger schwülstig klingt es, wenn Sie lesen:** **(augenzwinkernd)** Die Nacht mit dir war einfach wunderbar! **Lesen Sie ganz sachlich, dass** die goldene Sonnenscheibe ins Meer fiel **und lassen Sie das Publikum das Träumen anfangen.**

Achten Sie darauf, dass der Ton, mit dem Sie Sätze gestalten, die Satzaussage nicht in jedem Fall einfach verstärkt. Ich hasse dich **mit grimmigem Gesicht und gefletschten Zähnen ist viel langweiliger und konventioneller als ganz sachlich, klar und präzise mit Augen, die sich dabei ein wenig verengen.**

80.

Der Unterschied zwischen ziemlich gut und richtig schlecht ist hier genauso schwer zu trennen wie die anregende Erotik von der Pornographie.

Die gute Autorin weiß, dass das Beschreiben von Geschlechtsakten keine Erotik ist. Aber nehmen wir an, es sei erotisch geschrieben.

Wir haben bei der Auswahl des Untertons verschiedene Möglichkeiten, je nachdem, wer dabei ist. Nehmen wir einen Mann und eine Frau. Unser harmloser Beispielsatz heißt Sein Hintern war geradezu perfekt. Aus Sicht des Mannes zum Beispiel könnte der Satz mit stolzem Unterton gelesen werden: (er wusste das genau) Sein

Erotisches Vorlesen

Hintern war geradezu perfekt. Aus Sicht der Frau könnte man den Satz anders lesen, zum Beispiel (muss das sein?) Sein Hintern war geradezu perfekt. Beides wäre möglich, egal aus welcher Perspektive der Roman erzählt wird. Auch die Frau kann zur Kenntnis nehmen, wie stolz er zu sein scheint.

Aber jetzt gibt es noch die dritte Möglichkeit. Wie sieht die Autorin diesen Hintern? Sie weiß vielleicht, dass der nur toll aussieht, weil nachgeholfen wurde oder dass das das Einzige ist, was toll ist. Sie weiß, ob die beiden gleich die Nacht ihres Lebens verbringen werden oder der Nachbarsjunge klingelt. Das ist in meinen Augen immer der interessanteste Unterton.

Ich habe ja gerade in der Folge über den  Kitsch geschrieben, wie wenig ich davon halte, Inhalt und Unterton zu doppeln. Wenn es jetzt also ins Bett geht und die Sätze werden voller Erregung gelesen, vielleicht sogar atemlos oder gekeucht, dann geht jede Erotik zum Teufel und wir haben gelesene Pornographie.

Die Autorin liest am besten weder angeregt noch erregt. Sie beschreibt was passiert, damit sich beim Publikum ein Bild zusammensetzt. Bei einem (Keine Diskussion!) Sein Hintern war geradezu perfekt kann jetzt der Zuhörer oder die Zuhörerin anfangen, dieses Bild mit Leben zu füllen. Mit ein bisschen Glück führt das dann beim Publikum zu erotischen Gefühlen. Das heißt nicht, dass die Autorin nicht Geschwindigkeit und Lautstärke wechseln kann. Aber bei einer erregten Rezitatorin, steigen die Zuschauer aus.

81. Möglicherweise werden Sie jetzt stöhnen, dass ich für den lesenden Autor sogar die Essenszeiten reglementieren will. Aber wenn Sie schon öfter auf der Bühne waren, dann kennen Sie zumindest den Angst machenden

Essensmanagement

Gedanken, der Bühnenkünstler ab und zu verfolgt: „Was mache ich, wenn ich auf die Toilette muss?"

Die Lösung ist einfach: Sie müssen nicht. Na ja, es ist zumindest sehr unwahrscheinlich. Ich stehe nach einer langen Reise vor dem Hotelzimmer und muss so dringend, dass es nicht auszuhalten ist. Jetzt funktioniert die Zimmerkarte nicht. Weit und breit keine Toilette. Und auf wundersame Weise ist es plötzlich nicht mehr so eilig.

Doch darauf würde ich es im Zweifelsfall nicht ankommen lassen. Ein unangenehmes Gefühl wie das Gefühl, auf die Toilette zu müssen, frisst so viel Aufmerksamkeit, die Sie bei einer Lesung für andere Dinge brauchen.

Also plane ich meine Lesung rückwärts. Wenn ich um 19 Uhr mit der Lesung beginne, wann liegt dann die Abendmahlzeit? Kann ich überhaupt was essen oder bin ich zu aufgeregt? Idealerweise liegt eine leichte Mahlzeit ein bis zwei Stunden vor der Lesung. Aber keine Spaghetti, kein Rucola Salat und vor allem keine Tomatensoße, wenn Sie schon Bühnenkleidung tragen. Die Flecken haben Sie anschließend überall. Wenn Sie sich besonders viel Mühe geben, wird es am allerschlimmsten. Ich könnte Aktenordner mit den Geschichten kurzfristiger Reinigungsversuche und gehetzter Kleidungskäufe füllen.

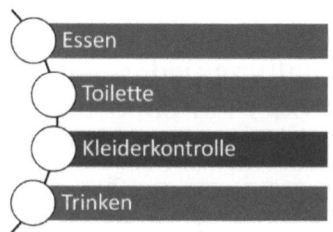

Eine Stunde vorher sollte man auch noch einmal richtig trinken. Aber jeder Mensch ist ein bisschen anders, und Sie sollten selbst herausfinden, was für Sie in Ordnung ist. Wasser ist in der Regel ohnehin auf der Bühne.

Den letzten Toilettengang bitte nicht zu kurz vor dem Auftritt. Die Wahrscheinlichkeit, dass eine Wasserfontaine aus dem unbekannten Wasserhahn ihre blaue Hose mit unzähligen dunkelblauen Flecken verziert, ist hoch. Und das Trocknen kostet Zeit. Ein Blick in den Spiegel ist ok, aber größere Aktionen in einer öffentlichen Toilette macht man kurz vorher nicht mehr.

82. Jetzt wird es Zeit, den Tontechniker zu begrüßen, wenn einer da ist, und sich dessen Namen zu merken. Außerdem macht man eine Tonprobe, damit man sich in dem neuen Raum mal gehört hat. Das kann für den Laien ungewohnt sein. Auch das Licht sieht man sich an, ob auch nichts blendet.

Sollte auf der Veranstaltung jeder ein Namensschildchen haben oder ein Band um den Hals, so gehört das jetzt vor dem Auftritt runter. Auch

Kurz vorher

klimpernde Ohrringe und Armreifen stören nur den Ton und gehören jetzt abgelegt – am besten an denselben Platz, wo das Handy liegt und das Portemonnaie, sicher und außerhalb von der Bühne. Für mich bewahrt das meist der Veranstalter oder der Techniker auf.

Viele Flecken gehen mit einem Erfrischungstuch der Lufthansa aus Hemd oder Rock. Das kann manchmal die letzte Rettung sein. Für hochstehende Hemdkragen gibt es kleine Klebestreifen für Textilien, die man immer dabeihaben kann. Und hochstehende Haare liegen mit etwas Handcreme sofort perfekt. Wer vergessen hat die Schuhe zu putzen, nimmt mal etwas Bodylotion. Das geht im Notfall auch.

Es geht los

Der letzte Gang zur Toilette und vor den Spiegel. In öffentlichen Toiletten ist die erste immer die sauberste, weil jeder vermutet, dass es genau andersherum ist.

Oder noch besser: Sie haben jemand dabei, dem Sie vertrauen, der alles nochmal kontrolliert. Schnittlauch zwischen den Zähnen, eine vergessene Gürtelschlaufe oder ein falsch geknöpftes Hemd würden unnötig von der Lesung aus Ihrem wunderbaren Buch ablenken.

Vielvorleser notieren sich, was sie auf der Veranstaltung tragen, damit sie beim nächsten Besuch nicht unbedingt dasselbe Kleid anziehen.

Zum Schluss verwenden Sie einen Moment darauf, sich in die richtige Stimmung zu bringen. Egal, was Ihnen gleich passieren wird (und es wird immer irgendetwas passieren): Bleiben Sie ruhig, bleiben Sie gelassen und souverän. Das Publikum liebt es, wenn mal etwas schief geht, deswegen kommen Sie ja zur Lesung und schauen kein Fernsehen. Perfektion schafft Aggression. Aber der Autor sollte jederzeit gelassen bleiben.

83.

Lampenfieber macht uns Angst. Wir wissen schließlich nicht, was es auf der Bühne mit uns macht. Es ist ein Gefühl, mit dem wir schwer umgehen kön-

Lampenfieber 1

nen, weil es so wenig vertraut ist. Sieht es doch außerdem nach Schwäche aus, nach Mangel an Professionalität. Dabei können wir nichts dagegen machen, Lampenfieber ist etwas Unberechenbares.

Es wäre tatsächlich unprofessionell, wenn die einzige Vorbereitung auf eine Halle mit tausend Menschen eine Lesung am heimischen Frühstückstisch war. Sie sollten sich gut überlegen, wieviel Sie sich zutrauen. Denn mit dem Spruch Das wird schon ist es nicht getan. Rechnen Sie lieber mit dem Schlimmsten. Ich weiß aus eigener Erfahrung, dass einem der Vorname der eigenen Mutter nicht mehr einfallen kann. (Aber da man das vorher weiß, hat man den Namen aufgeschrieben). Fangen Sie also in der örtlichen Bücherei an, bevor die Bühnen, auf denen Sie auftreten, größer werden. Wenn Sie 15 Leute schaffen, sind die 1500 gar nicht so schwer.

Da man schlechter sehen kann, wenn man nervös ist, druckt man das Skript größer aus als es am Frühstückstisch nötig wäre. Hinter der Bühne liegt ein zweiter Manuskriptstapel, falls Ihrer durcheinandergerät. Wenn Sie interviewt werden sollten, haben Sie einen Zettel mit den wichtigsten Infos parat (Lesungstermine etc.). Auch die Begrüßung könnten Sie wörtlich vorbereitet haben. Ob Sie die wirklich verwenden, hängt ... vom Lampenfieber ab.

Das mögen Sie übertrieben finden, ich mache das so. Denn ich kann nur besser werden, wenn ich jeden Auftritt SOUVERÄN bewältige. Wenn ein Auftritt daneben geht, fange ich von vorne an.

Damit sind nicht kleine Unsicherheiten gemeint. Die gibt es bei den tollsten Autorinnen, etwa weil ein bestimmter Mensch gekommen ist oder wegen eines geplatzten Kleidungs-

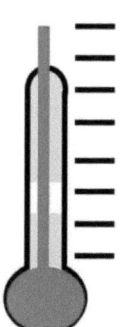

stücks. Der Auftritt ist misslungen, wenn Sie sich furchtbar fanden.

Wenn Sie gut vorbereitet sind, kann Ihnen wenig passieren. Lampenfieber ist etwas Natürliches. Und niemand nimmt es Ihnen übel, wenn Sie nervös sind. Die Nervosität verschwindet nach kurzer Zeit. Aber sie wird da sein. Rechnen Sie damit. Dann bleibt Ihnen viel Gezänk mit sich selbst erspart.

84. Stellen Sie sich vor, Sie beginnen Ihre Lesung mit: Meine Damen und Herren, zunächst möchte ich mich für meine Nase entschuldigen oder Es tut mir furchtbar leid, dass ich heute so nervös bin.

Ich weiß jetzt nicht, ob Sie verwundert oder genervt wären. So etwas sagt niemand, weil sich keiner für et-was

Lampenfieber II

entschuldigt, für das er nichts kann. Wenn Sie mir auf die Füße treten, dürfen Sie sich entschuldigen. Wenn Sie zu spät kommen, dürfen Sie sich entschuldigen. Aber für Nervosität entschuldigen? Warum das denn? Es ist allen klar, dass es Ihnen lieber wäre, wenn Sie nicht nervös wären. Aber Sie sind es. Möglicherweise sogar sehr. Und DARAN LÄSST SICH NICHTS ÄNDERN.

Machen Sie das Lampenfieber zu einer ihrer Stärken. Wenn Sie sich trauen zu lesen, obwohl Sie so nervös sind, bekommen Sie die ersten Lorbeeren für Ihren Mut.

Vergeuden Sie vorher keine unnötigen Energien mit überflüssigem Perfektionismus. Ob Sie Angst wegen eines Pickels haben oder ständig überlegen, was Ihr Lebenspartner wohl zu Ihrer Bluse sagt – all das lenkt ab.

Und Sie sind nicht mehr zu hundert Prozent konzentriert. Es wird nie perfekt. Sie machen das jetzt vielleicht in der zweitbesten Version, die möglich ist, und dann lassen Sie sich NACHHER kritisieren.

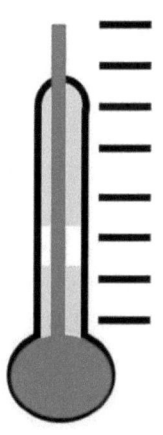

Lampenfieber hat auch eine Menge Vorteile. Erstens werden Sie deutlich besser vorbereitet sein, wenn Sie ahnen, dass Sie sehr nervös sein werden. Und diese Vorbereitung kommt allen zugute.

Zweitens wirkt der große Autor ganz persönlich und menschlich, wenn er ein bisschen nervös ist. Das ist ein Blick in Ihre Seele, der durch nichts zu ersetzen ist. Sollten Sie jetzt einwenden, dass Sie diesen Blick doch lieber niemandem gestatten wollen, dann dürfen Sie auf keine Bühne gehen. Lampenfieber sieht man auch bei Thomas Gottschalk.

Und der dritte Grund ist der Wichtigste: Sie sind doch nur nervös, weil genau dieses Publikum da sitzt. Deswegen haben Sie möglicherweise ein paar Nächte nicht geschlafen. Ist das nicht eine tolle Botschaft an Ihr Publikum: Ich bin so nervös, weil SIE hier sitzen. SIE sind wichtig! Lampenfieber ist im Grunde etwas ganz Wunderbares.

85. Gibt es denn gar nichts, das gegen Lampenfieber hilft, außer, es zu akzeptieren? Doch, zwei Tipps habe ich noch: Wenn Sie mit dem Lampenfieber fest rechnen und sich vielleicht wundern, wie gering es noch ist, kann das dazu führen, dass Sie weniger Angst haben. Sie tricksen sich sozusagen mental aus. Aber es gibt noch etwas Wirkungsvolleres: Ein entspannter Autor ist ein guter Autor, und das nicht nur beim Schreiben. Wer entspannt ist, dem kann Lampenfieber weniger anhaben.

Sorgen Sie dafür, dass Sie vor Ihrem großen Auftritt Ihre sons-

Entspannungs- techniken

tige Anspannung eher reduzieren. Also kein Beziehungsgespräch vor der Lesung, und auch den Anruf beim Steuerberater sollten Sie um einen Tag verschieben.

Treiben Sie am Tag vorher Sport, hören Sie gute Musik, machen Sie autogenes Training, haben Sie guten Sex. Je weniger Überspannung Sie haben, desto besser.

Stellen Sie sich vor, Sie waren nach zwei Stunden Fitnesstraining eine halbe Stunde in der Sauna. Danach sind Sie völlig relaxt, der

Es geht los
ganze Körper ist wohlig entspannt. Sie können sich in diesem Moment gar nicht vorstellen, so etwas wie Lampenfieber je zu haben.
Oder entspannen Sie in der Karibik. Da Ihr Körper positive Gedanken und positive Erlebnisse nicht voneinander unterscheiden kann, reicht der Gedanke an eine malerische Bucht oder eine einsame Waldlichtung voll-

kommen. Wenn jetzt das Lampenfieber dazu kommt, sind Sie genau in der richtigen Spannung.

Außerdem hilft es, vor versammeltem Publikum am Anfang zu sagen, dass Sie nervös sind. Ich habe nicht gesagt, dass Sie sich entschuldigen sollen oder darüber jammern oder sich deswegen schlecht fühlen. Dann bekämen alle Mitleid. Nein. Sprechen Sie es einfach an. Es kann sehr erleichternd sein, wenn Sie kurz sagen: Mein Gott, ich bin ziemlich nervös. In fast allen Fällen, wird das Lampenfieber deutlich geringer. Wenn es ehrlich gemeint ist, gibt es möglicherweise dafür auch noch Applaus. Diesen Applaus bekommen Sie im Laufe der Veranstaltung nicht mehr so leicht...

86. Zwei Dinge können Sie zu Beginn Ihrer Lesung geklärt haben: Dass Sie richtig angekündigt werden (siehe die nächste Folge) und dann jeder weiß, wer Sie sind. Außerdem haben Sie sorgfältig die richtigen Stellen für die Lesung ausgesucht und die Informationen zusammengestellt, die die Zuhörenden wissen müssen, damit sie verstehen, wer welche Figur ist und sich zurechtfinden, auch wenn sie das Buch noch nicht gelesen haben. Das erkläre ich in Folge 88.

Auch wenn ich dem Zuschauer keine Gefühle

Die Ankündigung

vorschreiben darf, so fehlt jetzt noch eine wichtige Information, damit alle im Raum die Szene, die Sie lesen, genießen können:

Der Zuschauer sollte noch erfahren, um welche Art Text es sich handelt. Zum Lachen oder zum Fürchten brauchen wir so was wie eine Erlaubnis, wie ich das in dem Kapitel über die Satire schon beschrieben habe.

Möglicherweise haben Sie auch schon mal erlebt, dass Sie sich im Fernsehen kurz vor der Schlussszene, in der der Held beinahe ertrinkt, in einen spannenden Film klicken. Wenn man die Vorgeschichte nicht miterlebt und mit dem

Helden gefiebert hat, kann das sehr komisch wirken und so gar nicht dramatisch.

Auf einem Kinoplakat steht auch groß KO-MÖDIE drüber.

In der Programmzeitschrift ist die Information Drama oder Actionthriller oder Komödie eine wichtige Information, wenn wir das Abendprogramm zusammenstellen.

Das gilt auch für jede einzelne Szene: In der Szene, die ich jetzt lese, gesteht ihr Nick mit sehr viel Mut seine Liebe

oder Wir springen jetzt in die atemlose Verfolgungsjagd am Ende des ersten Kapitels **oder** Da Eva ihren Chef nicht ernst nimmt, fordert er sie jetzt heraus…

Im besten Fall hat das Auditorium diese Informationen schon, bevor es sich von zu Hause aufmacht. Wie oft entdecke ich Plakate auf denen einfach ein Buchtitel und groß „LESUNG" steht. Wäre es nicht besser, mir zu sagen, was da gelesen wird und worum es so in etwa geht? Jetzt lenke ich meine Aufmerksamkeit in die richtige Richtung und habe viel mehr Spaß an dem, was Sie da geschrieben haben.

87. In der Regel stehe ich als Speaker und Autor drei- bis viermal in der Woche auf einer Bühne. Und meistens werde ich anmoderiert. Das hat viele Vorteile für mich. Vorstände von Unternehmen oder auch Prominente bestehen auf jemandem, der sie ankündigt. Für den Laien kann es

Die Anmoderation

schwer sein, im Saal für Ruhe zu sorgen und die richtige Atmosphäre zu schaffen. Ganz davon abgesehen, dass man deutlich wichtiger wird, wenn eine andere Person einen auf die Bühne bittet.

Die Moderatorin kann Dinge sagen, die man selbst nicht sagen möchte, weil sie möglicherweise nach Angeberei klingen, wie Preise, die man erhalten hat, Auflagezahlen oder prominente Fans.

Viele Autoren benutzen die Ankündigung des Moderators auch für die erste Pointe oder räumen mit Missverständnissen auf. Das geht natürlich nur, wenn man Einfluss auf die Ankündigung hat. Deswegen schreiben sich die meisten Menschen, die auftreten, eine eigene Ankündigung, die sie dem Veranstalter oder der Moderatorin in die Hand drücken, damit sie sicher wissen, was sie sagen wird. Bei der Lektorin oder einer Mitarbeiterin des eigenen Verlages ist das nicht nötig, die kennt sich aus. Aber ehe ein fremder Mensch Unsinn über Sie erzählt, sagen Sie dem lieber genau, was er sagen soll.

Ich persönlich verzichte darauf und lasse mich überraschen.

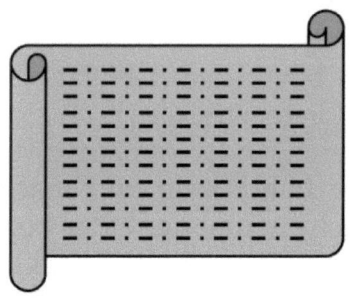

Das setzt Improvisationstalent voraus, aber auf diese Weise konnte ich mir schon ein paar sehr witzige, nette, liebevolle Ankündigungen anhören, die ich so nie geschrieben hätte. Allerdings wurde auch schon viel Unsinniges erzählt, das ich dann im Plauderton korrigiert habe. Oft ein sehr guter Einstieg!

Auf eines jedoch sollten Sie immer großen Wert legen: Sagen Sie dem Herrn von der Stadtsparkasse oder der Dame von der Bücherei oder einer professionellen Moderatorin, wie man Ihren Namen oder möglicherweise die Hauptfigur Ihrer Bücher richtig ausspricht. Wenn Sie das nämlich anschließend korrigieren müssen, ist das für Ihren Ankündiger sehr peinlich.

88. Das haben wir im Deutschunterricht so gelernt: Eine Rede beginnt mit einer Einleitung. Also werden Sie auf einer Lesung in der Regel zuerst einen kurzen Überblick geben, was in der nächsten Stunde alles auf die Zuschauerinnen und Zuschauer zukommt. Mein Rat lautet: Lassen Sie das!

Ich habe Lesungen erlebt, bei denen es 20 Minuten gedauert hat, bevor der erste Satz gelesen wurde. Satzanfänge wie Gleich hören Sie oder Ich werde leider nur oder Am Ende werde ich dann sind völlig überflüssig und machen ungeduldig und nicht neugierig. Oder beginnen Sie Ihre Urlaubserzählung mit einem kurzen Überblick? Zuerst werde

Die Einleitung

ich Ihnen vom Strand berichten, dann komme ich auf das Hotel und zum Schluss werde ich einige ausgewählte Ausflüge nennen. In Doktorarbeiten ist das sehr sinnvoll, im täglichen Gespräch nicht, weil wir dort schnell zur Sache kommen wollen, damit sich der andere nicht langweilt.

Sie könnten nach einer kurzen Begrüßung oder einer längeren Erklärung, warum Sie heute in A-Dorf lesen, einfach mit dem Anfang anfangen. Wenn Ihr Anfang so geschrieben ist, dass er Ihr Gegenüber geradezu in die Geschichte hineinzieht, ist das am besten. Computerspiele bieten oft das erste Kapitel kostenlos an, damit der Spieler anbeißt. Und wenn Sie auf der Veranstaltung länger über ihr Leben erzählen wollen, lesen Sie trotzdem vorher ein paar Seiten.

Wenn Sie aber, aus welchem Grund auch immer, eine andere Stelle lesen wollen, dann bereiten Sie sich auch darauf vor.

Chronologisch, mit nach oben gezogenen Satzenden und einem Unterton von Das soll Sie jetzt gar nicht interessieren den Zuhörer auf das Gelesene vorzubereiten, nervt.

Machen Sie sich Gedanken oder schreiben Sie einen Text, der die Informationen enthält, die das Publikum wissen muss, um genau diese Textstelle zu verstehen.

Und wenn Sie sich da ein bisschen Mühe geben, werden Sie sehen, wie wenig Informationen die Zuhörenden Ihrer Lesung brauchen. Um Freude an einer Liebesszene zu haben, muss ich nicht genau wissen, wie die beiden sich auf einer Silvesterparty vor vier Jahren kennen gelernt haben.

89. Keine Lesung ohne ein Glas Wasser. Rechts neben dem Buch mit den vielen Lesezeichen steht ein Glas Wasser. Dieser Aufbau ist obligatorisch.

Das kann sehr sinnvoll sein. Sollte man einen Frosch im Hals haben oder eine Pause zwischen zwei Kapiteln machen wollen, bietet sich der majestätische Griff zum Wasserglas geradezu an. Schließlich trocknet lautes Lesen doch den Mund aus.

Das Glas Wasser

Das stimmt nicht ganz. Trinken ist gesund und es ist sicher auch möglich, zu trinken, wenn man lange vorliest. Aber keiner von uns würde sich eine Flasche Mineralwasser neben das Telefon stellen.

Die Hauptursache für einen trockenen Mund ist die Aufregung. Und es kann sehr störend sein, wenn die Zunge manchmal am Gaumen klebt, oder ich die Lippen kaum auseinander bekomme. Nach einem Schluck Wasser geht das besser. Vorausgesetzt, es ist nicht „Autorenquelle extra spritzig" oder womöglich süßer Saft.

Versuchen Sie mal einen Müsliriegel zu essen, und danach eine Stunde zu lesen. Der Zucker braucht 10 bis 15 Minuten, bis er aus dem

Mund verschwunden ist, und verklebt alles.

Von den Krümeln und Nussstückchen mal ganz zu schweigen. Essen Sie etwas Süßes oder Krümeliges also schon 20 Minuten vor der Lesung und trinken Sie nichts Süßes. Am besten ist klares Leitungswasser.

Es geht auch einfacher: Sollten Sie kein Wasser bekommen haben und tatsächlich einen sehr trockenen Mund haben, dann beißen Sie sich bei geschlossenem Mund kurz auf die Zunge – natürlich ohne dass es weh tut. Schon haben Sie genügend Speichel, um weiterzulesen.

Benutzen Sie das Leeren des Wasserglases nicht als dramatischen Akzent. Der Mörder fuhr herum... – langsamer Schluck aus dem Wasserglas – und der Bus kam direkt auf ihn zu. Man spürt die Absicht, und man ist verstimmt.

Vorsicht vor Alkohol! Der stärkt das subjektive Wohlbefinden aber nicht die objektive Leistungsfähigkeit. Rezitator nach der Lesung siegessicher (durch ein Glas Sekt in Stimmung gebracht): „Na, wie war ich?" Ehrliche Antwort der Kollegen: „Es wirkte so, als hättest Du was getrunken!"

90. Kaum etwas interessiert Teilnehmende eines Rhetorikkurses mehr als die Frage, was man mit den Händen macht! Die Antwort ist einfach: Gar nichts! Sie machen gar nichts. Körpersprache macht man nicht, die hat man. Lassen Sie Ihre Hände in Ruhe, und sie werden immer das Richtige tun.

Menschen machen sich nicht lächerlich, wenn die Hände sich zu viel oder zu wenig bewegen (wer bestimmt überhaupt, was zu viel und was zu

Die Hände

wenig ist?), sondern wenn Sie die Hände in Gürtelhöhe halten, weil Sie glauben, da sei Ihr neutraler Bereich. Menschen haben keinen neutralen Bereich.

Hände unter Gürtelhöhe sind nicht negativ und darüber nicht positiv, sonst wäre der Stinkefinger ein dickes Lob. Sagen Sie mal Mario Adorf, er hätte einen neutralen Bereich. Der lacht sich kaputt. Auch antrainierte Haltungen wie zum Beispiel die Merkel-Raute wirken albern.

Lassen Sie die Hände machen, was sie wollen. Wissenschaftler sagen, dass sich die Hände erst dann richtig bewegen, wenn wir „drin" sind, wenn es richtig losgeht. Sich bewegende Hände als ein Zeichen von Authentizität.

Es geht los

Trotzdem kommen im Seminar weibliche Führungskräfte, denen Männer erklärt haben, sie sollten nicht so fuchteln. Was glauben Sie, was ich jemandem sage, der mir erklärt, ich habe mich dreimal am linken Oberschenkel gekratzt? Richtig. Ich antworte einfach: Da hat es gejuckt.

Die Körpersprachetrainer sagen richtig: Der Körper kann nicht lügen. Wenn das stimmt, ist

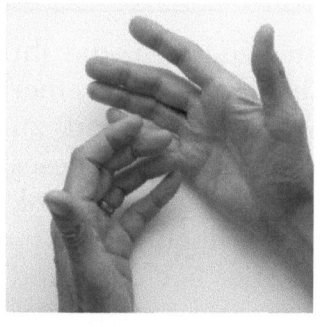

ein Training der Körpersprache überflüssig. Also ermöglichen Sie Bewegung: Halten Sie sich nicht fest, verschränken Sie die Arme nicht und halten Sie nach Möglichkeit auch keine Gegenstände in der Hand. Das kann Ihnen helfen, wenn Sie als Anfänger am Anfang sehr nervös sind, damit Sie sich irgendwo festhalten können. Aber sobald Sie merken, Sie brauchen den Stift oder die Fernbedienung oder die Moderationskarte nicht mehr, dann weg mit dem Ding.

Und für Sie als Autor ist noch etwas wichtig. Über die Hände fließt Bewegungsenergie ab. Eine spannende Geschichte ohne Hände zu lesen, wird schwierig. Sorgen Sie dafür, dass Ihre Hände frei sind.

91.

Für eine Autorin gibt es viele Gründe, Danke zu sagen. Auch wenn sie die Hauptarbeit leistet, so gibt es doch viele Menschen, die dafür gearbeitet haben, dass ein Buch endlich in der Buchhandlung liegt.

Bei einer Lesung hat die Autorin jetzt die Möglich-

Danke sagen

keit, sich bei Personen zu bedanken, die ihr wichtig sind, und sie in Gegenwart einer Gruppe von fremden Menschen lobend zu erwähnen. Viele Autoren lassen sich dieses kostenfreie und fast aufwandslose Geschenk an Freunde und Mitarbeiter nicht entgehen.

Aber wie oft wird das zu einer lieblosen und für das Publikum völlig uninteressanten Litanei: „Danke an meinen Verleger, an meine Lektorin, danke an Ulrike, aber auch an meinen geliebten Mann und meine Kinder...".

Das mag gut gemeint sein und manch einen der Erwähnten freuen, aber für die Menschen im Saal ist das immer langweilig.

Dabei ist es so einfach: Wenn ich mich bei einem einzelnen Menschen bedanke, dann sage ich auch nicht nur Danke (außer ich bin so überwältigt, dass ich nichts anderes herausbringe), sondern ich bedanke mich ganz persönlich. Ein einfaches Danke ist austauschbar und einfallslos. Wenn ich aber konkret sage, was mich so gefreut hat und was mir der andere bedeutet, dann kann so ein Danke von der Bühne mehr bedeuten als jeder dreiseitige Brief. Noch dazu, wenn das, was ich sage für den Genannten überraschend ist.

Danke, Hildegard für die vielen Stunden, in denen wir über Worte und Formulierungen diskutiert haben. Danke an Herrn Ebert für den Mut, mich einfach mal machen zu lassen. Und danke Imi und Eike für die vielen Essen, die Ihr Euch selbst warm machen musstet, weil Eure Mutter beim Schreiben die Zeit vergessen hat.

Außerdem hat eine solche Danksagung einen zweiten Effekt: Sie erzählt mir etwas über den Autor oder die Autorin und das Buchprojekt, was ich sonst nicht erfahren hätte. Danke sagt man in besonderen Situationen, und der Um-

gang damit führt zu persönlichen Geschichten.

Vielleicht sind Sie ja so wie ich und lesen in einem Buch als erstes voller Neugier das Kapitel am Ende, das mit dem Wort Danksagung beginnt. Bei Sebastian Fitzek z.B. ist das immer außerordentlich wertschätzend gemacht.

92.

Bücher signieren macht Spaß, noch dazu, wenn alle Bücher zum regulären Preis verkauft werden. Aber während man zwei oder drei Bücher auf den Knien oder an einem Tischchen sig-nieren kann, so braucht man doch Tisch und Stuhl, 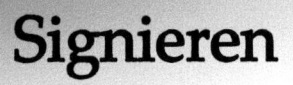 wenn es mehr wird. Am besten steht der Tisch in der Nähe des Bücherverkaufs der örtlichen Buchhandlung. Außerdem organisiere ich von Anfang an die Richtung, aus der man sich an-stellen sollte. Nichts schlimmer, als wenn ei-nem von allen Seiten Bücher entgegenge-streckt werden und einen sechs Fans anstar-ren, während man mit dem siebten ein paar Worte wechseln will.

Ich unterschreibe immer mit einem Kugel-schreiber, der mindestens 20 Euro gekostet hat. Einen Werbekugelschreiber hat mein Buch nicht verdient. Außerdem ist die Mine bei einem guten Kuli besser, man schreibt also leichter, und das werden Sie beim hundertsten Buch merken. Natürlich habe ich zwei Kugel-schreiber dabei, denn der, den man braucht, funktioniert nie.

Bei einem prominenten Schriftsteller reicht es, wenn der seinen Namen kritzelt und das Da-tum dazu schreibt. Ich habe für jedes Buch einen eigenen Satz oder Spruch. Das macht deutlich mehr Arbeit, aber das erste, was die Buchbesitzer machen, wenn ich ihnen das geschlossene Buch zurückgebe: Sie machen es auf, um zu sehen, was ich genau da reingeschrieben habe.

Ich habe ein Blatt Papier *Für* vorbereitet, auf dem man *Kristinne!* mir exotische Vornamen vorschreiben kann, falls jemand eine Widmung will. Und die meisten wollen eine Widmung. Nebenbei führt die Widmung dazu, dass das Buch gebraucht schwieriger zu verkaufen ist. Ein Nebeneffekt, den ich aus verständlichen Gründen sehr liebe.

Außerdem schreibe ich mir einmal das Datum auf diesen Zettel. Denn wenn ich dasselbe Datum fünfzig Mal geschrieben habe, fällt es mir plötzlich nicht mehr ein, oder ich verschreibe mich dauernd.

Wenn ich nicht genügend Bücher dabeihabe, sammle ich Visitenkarten ein, verspreche, die Daten nicht zu speichern und schicke das Buch portofrei zu. Das kostet mich 1,90 € pro Buch, aber das ist mir lieber, als wenn ein potenzieller Fan genau an diesem Abend verloren geht. Und auch an die Buchpreisbindung halte ich mich, denn wenn ich nichts fürs Porto verlange, ist das mein Problem.

93. Sie haben gelesen, die Zuhörenden haben geklatscht und nun werden Ihnen von der Leiterin der Stadtbücherei oder den anderen im Raum Fragen gestellt. Sie zu beantworten, fällt Ihnen leicht. Doch manchmal können einen die Fragen schon ganz schön ins Schwitzen bringen.

Denn merkwürdigerweise fragt das Publikum oft nicht nach der Herangehensweise beim Schreiben, sondern will Details erklärt bekommen, also zum Beispiel wissen, ob in der

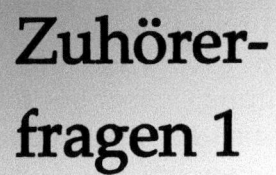

Zuhörer-fragen 1

englischen Grafschaft Leicestershire tatsächlich Hagebuttentee getrunken wird und warum erst die Spurensicherung am Tatort war und dann erst der Sanitäter.

Wenn Sie das genau wissen und erklären können, brauchen Sie keine weitere Hilfe. Im besten Falle haben Sie gut recherchiert. Aber wenn solche Fragen Sie durcheinanderbringen, wenn Sie unsicher sind, wenn Sie den Schlagfertigkeitskurs immer mal besuchen wollten, aber nie besucht haben, gibt es in meinen Augen eine ganz einfache Lösung: Erzählen Sie von sich. Sie sind nicht der Fachmann für die Trinkgewohnheiten in englischen Grafschaften. Genauso wenig wie für den Einsatzplan der Spurensicherung.

Aber Sie können erklären, warum Sie das exakt so geschrieben haben, welche Stimmung Sie erzeugen wollten (auch wenn die Logik vielleicht manchmal leidet). Was haben Sie  sich dabei gedacht und wie sind Sie auf die Idee gekommen? Die wenigsten Autoren schreiben einfach so drauflos. Vielleicht gab es auch Diskussionen mit Erstlesern oder eine Auseinandersetzung mit der Lektorin.

Genau für dieses Thema sind Sie die kompetenteste Person, die es auf der Welt gibt. Auf die Frage, warum der Schauplatz Mallorca ist, beschreiben Sie nicht die geografischen Gegebenheiten der Insel, sondern Sie erzählen, was Sie mit Mallorca verbindet und wie die Idee entstand, den Roman genau dort spielen zu lassen.

Sobald man also bei der Frage nach Golf nicht von den kleinen weißen Kugeln zu erzählen beginnt, sondern darüber spricht, was einen an Golf fasziniert oder stört, dann ist das mit der Schlagfertigkeit im Alltag auch kein großes Problem mehr.

94. Nehmen wir mal an, Sie haben nicht den Roman geschrieben, in dem sich zwei schöne Menschen am Ende kriegen oder das Böse besiegt wird. Sondern Sie haben provoziert, Sie haben Grenzen überschritten oder mal etwas Neues gewagt. Dann müssen Sie bei einer Lesung auch mit unangenehmen Fragen rechnen. Manchmal aus echtem Interesse, und manchmal, um Sie aus der Fassung zu bringen.

In meinen Trainings ist es vor allem eine Frage, die Menschen dann am meisten beschäftigt: Was mache ich, wenn ich etwas nicht weiß? Die Antwort ist einfacher als Sie denken: Sagen Sie es!

Zuhörerfragen 2

Nichtwissen mag unangenehm sein, aber jetzt ist der falsche Zeitpunkt, sich zu ärgern. Jetzt hilft nur eines: Zugeben: „Ich weiß nicht, warum der rumänische Hausmeister einen slowakischen Namen trägt oder warum auf dem Cover sprudelnde Vierecke sind."

Schwieriger wird es, wenn Ihnen die Antwort nicht gleich einfällt. Schließlich stehen Sie unter Stress. Wie gerne würden Sie sich jetzt einen Moment zurückziehen, in Ruhe nachdenken, und dann die Frage nach dem schönsten

Mann, der Ihnen je begegnet ist oder die Frage nach der finnischen Hafenstadt, in der die Reise im Roman beginnt, beantworten.

Auch hier ist die Antwort einfach: Sagen Sie, was in Ihnen vorgeht. Sagen Sie, dass Sie nachdenken müssen. Entschleunigen Sie.

Wenn die Frage so kompliziert ist, dass Sie nicht wissen, wo Sie anfangen sollen, dann sagen Sie das. Aber denken Sie laut nach. Wenn Sie leise nachdenken wollen, während Mikrofon, Scheinwerfer und womöglich Kameras auf Sie gerichtet sind, bekommen Sie einen kräftigen Schuss Adrenalin mit, der vom Nachdenken abhält und dessen Wirkung nicht so schnell wieder verschwindet.

Das kleine Männchen auf Ihrer Schulter schwingt die Peitsche und treibt Sie an: Gib eine Antwort! Na los, die warten! Wer könnte da klar denken?

Wenn Sie aber sagen, worüber Sie nachden-

ken, gibt es den Adrenalinschub nicht. Und wenn Sie nach einer Weile immer noch keine Idee haben, dann sagen Sie das (siehe oben). Auch das Wissen eines erfolgreichen Autors ist begrenzt.

95.

Wenn wir das jetzt noch weiter-spinnen und Sie den Skandalro-man mit dem beliebten Bürger-meister als Schlüsselfigur ge-schrieben haben, dann kann etwas sehr Unan-

Zuhörerfragen - 3

genehmes hinzukommen: Wut oder Aggressi-on.

Nicht, dass ich Ihnen das wünsche, und nicht, dass es häufig vorkäme. Aber das Wissen zu besitzen, wie man damit umgeht, lässt auch eine Autorin sehr viel beruhigter für das nächste Interview, die nächste Lesung oder die nächste Talk-Show zusagen.

Was machen Sie also, wenn Menschen laut werden, Sie blöd anreden, Sie beschimpfen oder Ihnen Killerphrasen, wie Sie haben doch keine Ahnung! oder Das ist doch Quatsch! oder Wie können Sie das nur behaupten? an den Kopf werfen.

Nein, jetzt geht es nicht darum, zu erklären oder sich zu rechtfertigen. Sie sollten jetzt nicht einordnen oder relativieren, sich weder den emotionalen Ton verbieten noch sich ent-schuldigen. Sie sollten das Gegenteil tun und den emotionalen Unterton Ihres Gegenübers einfach ansprechen.

Wenn der Satz eine versteckte Aggression enthält, dann decken Sie die auf: Sind Sie wütend? oder Hat Sie mein Buch geärgert? oder Warum fragen Sie so ironisch? Wenn Sie das nicht tun, muss der andere seinen Frust, seine

Wut oder seinen Ärger verstärken. Fragen Sie ihn danach. Selbst wenn Angreifende ihre starken Emotionen jetzt nicht zugeben, können sie anschließend nicht damit weitermachen. Das wäre albern.

Ich weiß, dass das nicht einfach ist und in vielen Fällen Mut erfordert. Aber wenn sich jemand geärgert hat, dass Sie Moderne Kunst für Quatsch halten oder eine ganz Stadt durch den Kakao ziehen, dann nutzt dem Bürger dieser Stadt weder der Verweis auf die Parodien von Heinrich Heine, noch die genaue Analyse der Passagen im Buch.

Sprechen Sie mit ihm über seinen Ärger, und in den meisten Fällen wird Ihnen der Ärger leidtun oder Sie äußern Verständnis. Wohlgemerkt: Es tut Ihnen keiner Ihrer Sätze leid, aber es tut Ihnen vielleicht leid, dass Sie jemanden verärgert haben.

96. Zu Lesungen kommen vor allen Dingen Fans, die ihren Autor mal live hören wollen. Aber auch hier kann es kritische Bemerkungen geben. Autoren identifizieren sich sehr stark mit ihrem Buch, und Kritik trifft sie besonders dann, wenn sie gerade vor Publikum daraus vorgelesen haben.

Am schönsten wäre es, man bekäme ein Feedback. Leser würden ihre Eindrücke zu Buch und Lesung mitteilen, aber leider haben wir keinen Einfluss darauf, was fremde Menschen einem unter die Nase reiben.

Negative Kritik ist oft deswegen nicht hilfreich, weil sie vor allem dem Kritisieren-

Kritik bekommen

den dient, sich ein bisschen in Szene zu setzen. Was sollen Sie als Autor mit Sätzen anfangen, wie Du bist nicht persönlich genug! oder das Buch ist mir zu privat oder Da ist vieles noch nicht ganz rund. Lachen Sie nicht. Das sind alles Originale.

Wenn man die Kritik nachvollziehen kann, kann man sich einfach bedanken oder über die Anmerkungen diskutieren. Ist die Kritik gemein, unsachlich oder ärgerlich, ist meine Empfehlung zuzuhören, aber darauf nicht zu

Nach der Lesung antworten. Wenn Sie wollen, machen Sie sich eine Notiz, nehmen Sie den Kritisierenden ernst, aber diskutieren Sie nicht. Bedanken Sie sich, aber ohne Erklärung (Das habe ich nur heute gemacht!), kein Widerspruch (Wie hätte ich es denn anders machen sollen?) und vor allen Dingen keine Rechtfertigung (Das habe ich ja nur gemacht, weil...). Das macht Sie klein und hilft niemandem.

 Wenn Sie dann zu Hause sind, ein paar beruhigende Mozart-CDs oder einen entspannenden Trommelkurs später, können Sie darüber nachdenken, ob derjenige, der Sie kritisiert, Recht hatte. Vielleicht ist ja was dran. Aber dazu müssen Sie sich erst wieder beruhigt haben.

Sehr oft bekommen attraktive oder sehr erfolgreiche Menschen nach meiner Erfahrung eine etwas stärkere Portion Kritik ab.

Es macht vielen Menschen Spaß zu versuchen, jemanden, der etwas hat, was ich gerne hätte, ein bisschen aus dem Konzept zu bringen. Ein gesundes Selbstbewusstsein ist für das Publizieren von Büchern, aber vor allem auch für das Lesen auf der Bühne also unerlässlich.

97. Lesende Autoren sind viel unterwegs. Um das möglichst zu vereinfachen, sammle ich schon seit Jahren Reisetipps, denn ein entspannter Rezitator ist ein guter Rezitator.

Mit den Blumen, die man nach der Lesung bekommt und die man nicht mitschleppen möchte, kann man wunderbar die Dame an der Rezeption im Hotel erfreuen und bekommt vielleicht ein Upgrade. (Außerdem wissen jetzt alle, dass ein Autor im Haus ist). Wer einen Stempel

Reisetipps 1

mit allen Daten dabei hat, braucht an der Rezeption kein Formular ausfüllen. Ich sage schon vorher, dass ich nicht ein Zimmer am Ende des Ganges will, denn es gibt bei mir immer viel zu schleppen. Außerdem zahle ich nach Möglichkeit am Vorabend, denn morgens will ich nur noch weg, und in manchen Hotels ist das eine Geduldsprobe. Ich nehme fast nie das Hotel in der Nähe der Veranstaltung, sondern in der Nähe des Bahnhofs oder Flughafens. Wenn ich im romantischen Landhotel morgens kein Taxi bekomme, hänge ich sonst fest. Schickt man vorher etwas an das Hotel, sollte man es fotografieren, das erleichtert später die Suche.

Unterwegs

Im Fahrstuhl drückt man erst den Knopf „Türe schließen" und dann die Etage. Das spart jedes Mal unter Umständen ein paar Sekunden. In den Schlitz im Zimmer kommt die Bahncard o.ä. und nicht die Zimmerkarte, damit die Kühlung (oder Heizung) und der Strom auch laufen, wenn ich nicht im Zimmer bin. Das hintere Bett ist immer besser, weil es weniger benutzt wird. Vor allem Frauen nehmen  Frotteebadelatschen mit, weil sie sich vor dem Teppich ekeln. Eine Stück Tesafilm um die Hand gewickelt ergibt eine perfekte Fusselbürste. Und jeder Anzug oder jedes Kleid wird glatt, wenn ich es in die Dusche hänge und das heiße Wasser laufen lasse. Aber jetzt die Zimmerkarte raus, damit die Lüftung die feuchte Luft nicht rausbläst. Auch Pumpsprühflaschen können sehr hilfreich sein. Alles, was auf der Innenseite der Badezimmertür hängt, wird im Hotelzimmer vergessen. (Also Vorsicht!) In großen Hotels gibt es im Fitnessraum immer kostenloses Trinkwasser.

Danke an meine reisenden Kolleginnen und Kollegen für die vielen großartigen Tipps, die mir schon viel geholfen haben.

98.

Wenn man Fahrtkosten pauschal abrechnet, kann man die Rechnung einfach als PDF verschicken und spart Zeit und Porto. Außerdem bleibt Geld übrig, wenn man mehrere Lesungen hintereinander hat und täglich eine Pauschale berechnet.

Deutsche Bahn: Wer mit großem Gepäck reist, reserviert am besten einen der Sitze, die mit dem Rücken zueinanderstehen. Dazwischen lässt sich leicht ein großer Koffer verstauen, ohne dass man ihn in die obere Gepäckablage wuchten muss.

Reisetipps 2

Eigenes Auto: Für 9,90 Euro gibt es im Internet einen Rahmen für das Nummernschild, den man mit seinem Namen oder dem Titel seines Buches beschriften kann.

Mietwagen: In modernen Mietwagen zeigt ein Pfeil neben dem Tanksymbol, an welcher Seite der Tankstutzen ist.

Flugzeug:

a) In fast allen Parkhäusern, z.B. am Flughafen, kann man bei der Einfahrt die Kreditkarte einstecken und bekommt die Quittung, wenn man bei der Ausfahrt wieder dieselbe Kreditkarte benutzt. Das lästige Bezahlen von Kärtchen am Automaten entfällt.

b) Nachdem ich in einer Ethikkolumne gelesen habe, dass es fair sei, demjenigen mit dem schlechtesten Sitz, also dem Mitreisenden auf dem Mittelsitz, beide Armlehnen zu gönnen, lehne ich mich gelassen auf die Seite und freue mich daran, wie sich der andere ausbreitet.

c) Auf Flughäfen kann ich mich oft kostenlos 30 Minuten in einem WLAN-Netz anmelden. Nach Ablauf der 30 Minuten lösche ich einfach die Cookies und kann noch einmal 30 Minuten umsonst surfen.

d) Auf www.seatguru.com checken Sie am besten vor der Sitzplatzreservierung oder -buchung, welche Plätze rot, gelb, grün angezeigt werden (neben Toiletten etc.) und finden so die besten Plätze! Die Plattform für Vielflieger: www.first-class-and-more.com. Specials und Schnäppchen in Business & First Class sowie Upgrade- & Status-Tipps.

e) Hat man nur Handgepäck dabei und trägt bereits das Jackett für den Auftritt, dann nehme ich immer einen Fensterplatz, um es dort aufzuhängen. Die Wahrscheinlichkeit,  dass verschütteter Kaffee oder Tomatensaft das Jackett unbrauchbar machen, ist so deutlich geringer.

99.

Wer viel unterwegs ist, hat ein paar nützliche Dinge dabei. Ich nehme zum Beispiel immer ein Exemplar meines Buches mit. Sollte vor Ort etwas schiefgegangen sein und das Buch ist nicht da, kann ich es wenigstens

Reisetipps 3

zeigen. Dann ein Ausdruck der Seiten, aus denen ich lesen werde und die natürlich doppelt. Bei mir ist der zweite Ausdruck schon oft zum Einsatz gekommen. Für Kurzsichtige empfiehlt sich noch ein Ausdruck in sehr großer Schrift, falls der Veranstalter ein gemütliches Dunkel auf der Bühne vorzieht.

Zwei Kugelschreiber oder Füllfederhalter zum Signieren. Da ich unterwegs viel lese, habe ich auch einen Bleistift dabei. Schlechte Sachbücher will ich anschließend wieder verkaufen.

Eine Rolle Gaffer-Tape oder Klebeband kann sehr gute Dienste leisten. Egal, ob zum Markieren von knarrenden Bühnenbrettern, zum Entfusseln von Kleidungsstücken oder um Papier irgendwo hin zu kleben.

Da an Flughäfen und Bahnhöfen oft Steckdosenmangel herrscht, kann man sich mit einem Doppelstecker überall bei jemand anderem mit an die Leitung hängen, um z.B. sein Handy aufzuladen.

Die Nummer meiner Kreditkarte kenne ich auswendig. Man kann bei freundlichen Menschen die Rechnung auch ohne Karte aber mit der richtigen Nummer bezahlen.

Wer nur mit Handgepäck reist, sammelt Tuben mit Zahnpasta oder Creme, die fast leer sind. Man kann auch alles in kleine Döschen 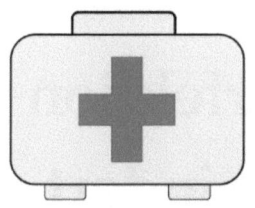 umfüllen, die man für ein paar Euro bekommen kann, damit man am Flughafen problemlos durch die Sicherheitskontrollen kommt.

Eine Tafel bittere Schokolade und eine Tüte mit Nüssen sind meine Notration, falls ich nichts zu essen bekomme. Eine kleine Flasche Mineralwasser habe ich auch immer dabei.

Außerdem habe ich immer genügend Visitenkarten für eventuelle Fans. Wahlweise Flyer oder Postkarten zum neuen Buch. Bevor ich mein Haus verlasse, synchronisiere ich die Pläne von Handy und Computer. Sonst kann ich unterwegs keinen Termin ausmachen.

Besonders Vorsichtige nehmen noch ein Backup ihres Computers mit oder verstecken es irgendwo.

Wenn man einen kleinen Lautsprecher fürs Handy dabei hat, kann man im Hotelzimmer noch stimmungsvolle Musik abspielen. Reisen geht manchmal aufs Gemüt.

100.

Wenn ein bekannter Autor sein neues Buch vorstellt und eine Multi-Media-Show inszeniert, dann sollte alles funktionieren. Wenn der Ton wegbleibt, ein Film hakt oder das Licht verrückt spielt, dann wäre das Publikum mit Recht enttäuscht. Es hat nicht den Gegenwert für ihren Eintritt bekommen.

Doch die meisten Autorinnen und Autoren lesen einfach in der örtlichen Bücherei oder Kul-

Perfektion behindert

turwerkstatt. Hier liegen die Dinge anders. Wenn es hier zu perfekt ist, wenn hier alles klappt wie am Schnürchen, wenn man hier nicht das Gefühl hat, Teil eines einmaligen Abends zu sein, dann fühlt sich das Publikum ebenfalls betrogen. Ein Demo-Band von Schauspielern beginnt oft mit einer Sammlung von danebengegangenen Filmaufnahmen. Kaum sonst kann man einem Menschen besser in die Seele gucken als in diesen Outtakes.

Bei einer Lesung macht ein Freud'scher Versprecher, ein überraschtes Gesicht als Reaktion auf eine unsinnige Frage oder ein ärgerlicher Seitenhieb auf die Politik den Abend erst zu einem ganz besonderen Abend. So hat das Publikum Sie noch nicht erlebt.

Man sorgt nicht absichtlich dafür, dass etwas daneben geht (obwohl es Profis gibt, die das tun. Man nennt das einen „planned break-up"), aber verwenden Sie viel Liebe darauf, den Abend unverwechselbar zu machen.

Die Menschen im Saal wollen ganz sicher sein, dass Sie als Autorin oder Autor wissen, in welcher Stadt und in welcher Buchhandlung Sie sind. (Sagen Sie am besten was Nettes über die Buchhandlung oder den Ort, an dem Sie gerade lesen!)

Gleichzeitig entlastet Sie das. Ist das wirklich so schlimm, wenn

$$2 + 2 = 5$$

mal kurz das Mikrofon ausfällt, das Licht flackert oder es 10 Minuten später beginnt? Ist es wirklich eine Kata-strophe, wenn Sie eine Seite überblättern oder nicht sagen können, was Ihr Buch kostet? Das Publikum kommt, weil es sich ein Bild machen will, weil es ein Gespür dafür bekommen will, wie Sie so sind. Wie könnte das besser gelingen als Ihnen dabei zuzusehen, wie Sie sich aus einer herausfordernden Situation mit Charme und Konzentration wieder herausarbeiten? Wenn Sie also jetzt alle hundert Folgen durch-gearbeitet haben, wird es Zeit, wieder lockerer zu werden. Es lebe das Unperfekte, das Improvisierte und das Kreative! Auch in diesem Buch!

Weitere Bücher und Kurse von Michael Rossié

BÜCHER
Rhetorik ist keine Kunst, sondern kein Problem, Vahlen

Sprechertraining: Texte präsentieren in Radio, Fernsehen und vor Publikum, Springer VS

Frei sprechen: in Radio, Fernsehen und vor Publikum, Springer VS

Pointen richtig gesetzt – so werden Sie witzig!, C.H.Beck Verlag

VIDEOKURSE
Professionell vorlesen – für Lehrer und andere Vorleser

Professionell vorlesen – Rezitation für Fortgeschrittene

Arbeit mit dem Teleprompter

Schwierige Gespräche im Business-Alltag

www.michael-rossie.com/online_kurse.php